항공예약 실무

TOPAS SellConnect Air Reservation Practice

Preface

　여가시간 증대와 더불어 삶의 질에 대한 관심이 확산되면서 관광산업은 지속적으로 발전하고 있고 매년 항공편을 이용하여 출입국하는 관광객도 증가하고 있다.

　항공편의 예약, 운임계산, 발권 등의 업무를 진행하는 항공사나 여행사는 GDS(Global Distribution System)를 통해 관련 업무를 처리하고 있다. 따라서 항공사나 여행사의 업무를 하기 위해서는 GDS 사용이 필수적이라 할 수 있다.

　본서는 관광을 전공하는 학생들이 여행사, 항공사 취업 시 알아야 할 가장 기본적인 업무인 항공예약에 대해 이해하기 쉽도록 교재의 내용과 순서를 구성하였다.

　전체 10개의 Chapter로 구성되어 있으며, 세부적으로 Chapter 1은 GDS 소개 및 사용법, Chapter 2는 항공예약의 기초, Chapter 3은 PNR 작성의 필수 항목, Chapter 4는 PNR 작성의 선택 항목, Chapter

5는 PNR 수정, 취소 및 조회, Chapter 6은 Booking Class, Chapter 7은 PNR 작성의 다양한 기능, Chapter 8은 Group PNR 작성, Chapter 9는 예약 코드, Chapter 10은 부록으로 구분하였다. 각 Chapter에는 학습 내용과 관련된 다양한 연습문제도 포함하였다.

본서를 이용한 교육을 통해 학생들은 현장에서 필요한 기본적인 지식과 기술을 배양하여 현장 실무 능력을 갖추는 데 도움이 될 것이라 생각한다.

마지막으로 본서의 발간에 도움을 주신 백석예술대 염경아 교수님과 토파스의 남유리 차장님, 이세영 강사님께 감사의 말씀을 드립니다. 그리고 출판을 위해 협조해 주신 한올 출판사 관계자 분들께도 진심으로 감사드립니다.

2024년 1월

대표 저자 씀

Contents

Chapter 01

GDS
소개 및 사용법

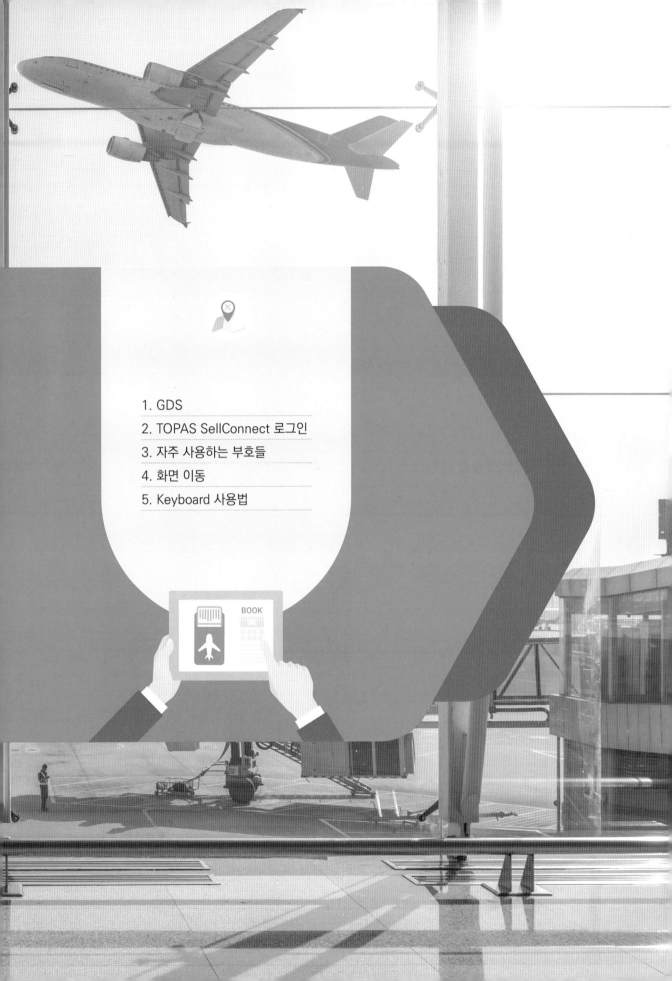

01 GDS

1 GDS 소개

① Global Distribution System

② 전 세계적으로 유통되어 항공사와 여행사에서 사용하는 항공예약 발권 종합 시스템
  - 항공사의 시스템과 연결되어 좌석 및 스케줄 조회와 예약, 운임계산, 발권기능을 제공한다.
  - 호텔 및 렌터카의 부수적인 서비스, 고객관리 등의 다양한 정보를 포함한 사용자 교육 등을 실행하는 종합 정보시스템이다.

2 GDS의 종류

① 대표적인 주요 GDS는 다음과 같다.
  - Amadeus(아마데우스)
  - Sabre(세이버)
  - Galileo(갈릴레오)
  - Worldspan(월드스팬)

② 한국의 토파스는 글로벌 1위 GDS인 Amadeus를 2014년 9월에 한국에 도입하여 TOPAS SellConnect이라는 명칭으로 한국시장에서 사용하고 있다. 따라서 한국시장에서는 Amadeus와 TOPAS SellConnect은 동일한 시스템이다.

③ TOPAS SellConnect
  - 한국여행시장에 대한 토파스만의 노하우와 선진 GDS사인 Amadeus의 기술력이 결합된 차세대 예약발권시스템으로 종합서비스 제공

TOPAS SellConnect 로그인

1 접속 URL

- cloudedu.co.kr

2 로그인

(1) ID / PW 입력하여 로그인 실행

- 개인별 ID가 주어지고 PW는 동일하다.

(2) 중앙에 토파스 클릭

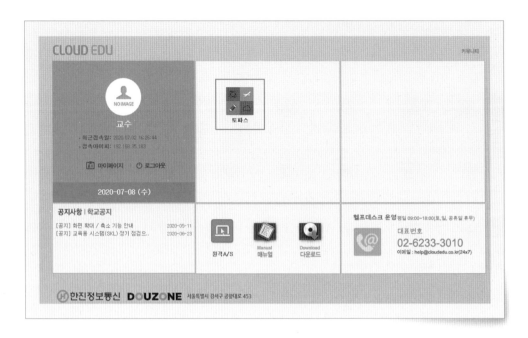

(3) 초기화면

- > SOM(Start of Message) : 지시어(Entry)의 시작위치를 나타냄

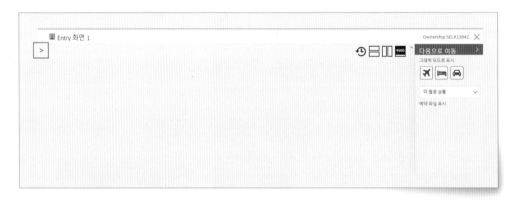

03 자주 사용하는 부호들

부호	명칭	기능	적용
*	Asterisk	· 지시어(Entry)의 항목 구분	· AN10JANSELBKK/AKE*25JAN
/	Slash	· 성과 이름 구분 · 수정	· NM1HONG/GILDONG · 2/(CHD/20MAR17)
-	Hyphen	· 연속범위 지정	· XE7-10
,	Comma	· 비 연속 범위 지정 · Title 구분	· XE7,10 · NM1HONG/GILDONG,MR

04 화면 이동

Entry	설명	기능
MD 또는 M	Move Down / Move	다음 페이지로 이동
MT	Move Top	처음 페이지로 이동
MB	Move Bottom	마지막 페이지로 이동
MU	Move Up	이전 페이지로 이동

(1) 운임조회

```
FQDSELBKK/AKE/D10JAN/IL,X
ROE 1207.837287 UP TO 100.00 KRW
10JAN21**10JAN21/KE SELBKK/NSP;EH/TPM  2286/MPM  2743
LN FARE BASIS     OW    KRW  RT   B PEN  DATES/DAYS   AP MIN MAX R
01 UHEVZRKS             660000 U  +  S23DEC  28FEB   + -   6M R
02 LHEVZRKS             710000 L  +  S23DEC  28FEB   + -   6M R
03 KHEVZRKS             760000 K  +  S23DEC  28FEB   + -   6M R
04 EHEVZRKS             820000 E  +  S23DEC  28FEB   + -   6M R
05 HHEOZRKS             880000 H  +  S23DEC  28FEB   - -   6M R
06 SHEOZRKS             960000 S  +  S23DEC  28FEB   - -   6M R
07 EHEV0RKS      492000         E  +  S23DEC  28FEB   + -     R
08 HHEO0RKS      528000         H  +  S23DEC  28FEB   - -     R
09 MHEOZRKS            1060000 M  +  S23DEC  28FEB   - -  12M R
10 MNEOOEKS      568300         M  +     -      -    + -     M
11 SHEO0RKS      576000         S  +  S23DEC  28FEB   - -     R
12 BHEOZRKS            1190000 B  +  S23DEC  28FEB   - -  12M R
13 MHEO0RKS      636000         M  +  S23DEC  28FEB   - -     R
14 YRTKE               1320000 Y  +     -      -      - -     R
15 YRT                 1377600 Y  +     -      -      - -     M
16 IHE4ZRKS            1400000 I  +  S23DEC  28FEB+14+ -  1M+R
>                                                   PAGE  1/ 2
```

▶ PAGE 1/2는 전체 2PAGE 중 1PAGE 이므로 다음 PAGE를 조회하기 위해서는 MD 또는 M 으로 화면이동이 필요하다.

(2) 작성된 예약기록

```
--- RLR ---
RP/SELK1394Z/SELK1394Z              AA/SU   8JUL20/0540Z    UHYDZW
3765-9066
  1.KOO/SUNYOUNG MS(INFLEE/YUA MISS/10JUN20)
  2.LEE/HYOJIN MSTR(CHD/10DEC15)
  3  KE 657 M 10JAN 7 ICNBKK HK2  0915 1315   10JAN  E  KE/UHYDZW
  4  KE 658 M 20JAN 3 BKKICN HK2  2130 0445   21JAN  E  KE/UHYDZW
  5 AP 02-790-6733 GOGO TOUR
  6 APH 031-670-9067/P2
  7 APM 010/2765-9066/P1
  8 TK OK08JUL/SELK1394Z
  9 SSR INFT KE HK1 LEE/YUAMISS 10JUN20/S3/P1
 10 SSR INFT KE HK1 LEE/YUAMISS 10JUN20/S4/P1
 11 SSR CHLD KE HK1 10DEC15/P2
 12 SSR VGML KE HK1/S3/P1
 13 SSR VGML KE HK1/S4/P1
 14 SSR BBML KE HK1/S3/P1
 15 SSR BBML KE HK1/S4/P1
 16 SSR BSCT KE HN1/S3/P1
 17 SSR BSCT KE HN1/S4/P1
 18 SSR CHML KE HN1/S3/P2
 19 SSR CHML KE HN1/S4/P2
*TRN*
)>
```

▶ 하단 좌측에 닫힌 괄호가 있는 경우도 밑으로 내용이 더 있다는 의미이므로 MD 또는 M Entry를 사용하여 화면 이동이 필요하다.

(3) 기내식 조회(HEMEAL)

```
                        MEAL CODES              EN   11JUL19 1551Z

  MEAL CODES IN SSR
  -----------------

    CODE     MEAL DESCRIPTION
    ----     ----------------
    AVML     VEGETARIAN HINDU MEAL
    BBML     BABY MEAL
    BLML     BLAND MEAL
    CHML     CHILD MEAL
    CNML     CHICKEN MEAL (LY SPECIFIC)
    DBML     DIABETIC MEAL
    FPML     FRUIT PLATTER
    FSML     FISH MEAL
    GFML     GLUTEN INTOLERANT MEAL
    HNML     HINDU (NON VEGETARIAN) MEAL
    IVML     INDIAN VEGETARIAN MEAL
    JPML     JAPANESE MEAL
    KSML     KOSHER MEAL
    LCML     LOW CALORIE MEAL

                                                        >MD
```

Key Board 사용법

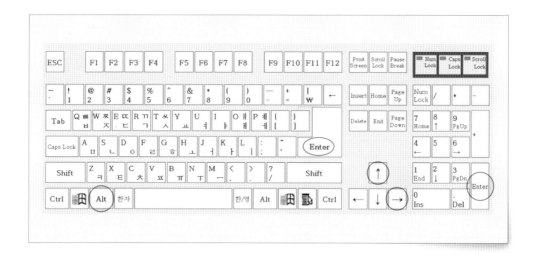

(1) Enter

사용자가 입력한 지시어(Entry)를 Main Computer로 전송하여 응답을 주는 역할

(2) Entry History

① 이전에 입력한 Entry 불러오기

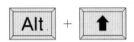

② 이전에 입력한 모든 Entry History 조회

• 사용하고자 하는 항목을 클릭한 후 전송키를 누르면 응답을 받을 수 있다.

✎ Memo

Chapter 02

항공예약의
기초

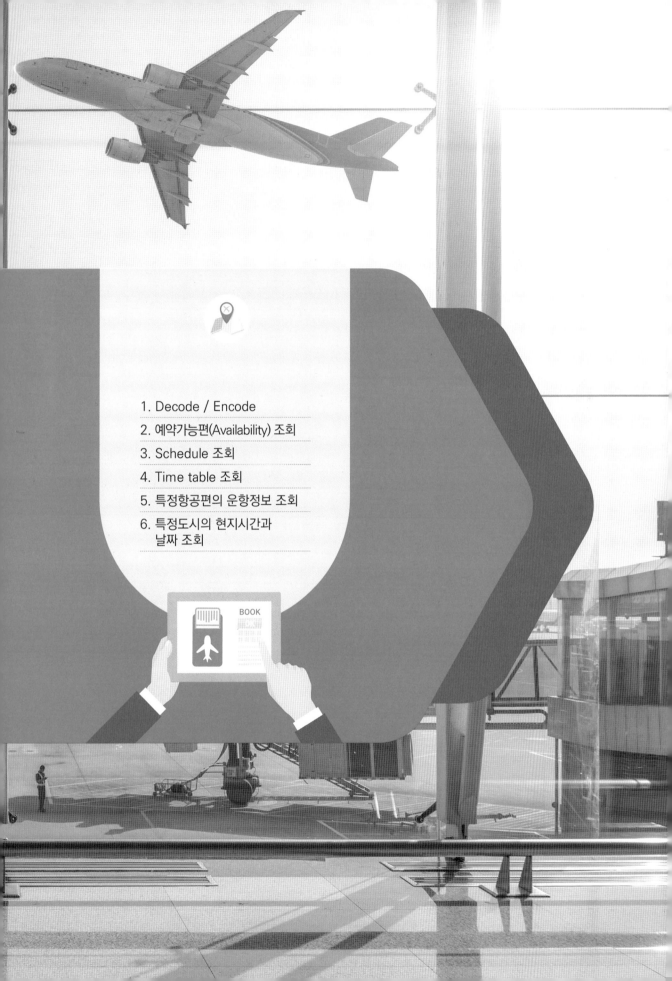

Decode / Encode

- 모든 항공사와 GDS는 항공업무를 정확하고 신속하게 처리하기 위해 IATA에서 지정한 도시, 공항, 항공사, 국가, 주, 기종 등을 Code로 사용하고 있다.
- 도시, 공항, 기종 Code는 3자리로, 항공사, 국가, 주 Code는 2자리로 사용
- Decode는 3자리 또는 2자리의 Code를 확인하는 작업을 말한다.
- Encode는 반대로 해당 명칭의 Full name을 Code로 만드는 작업을 의미한다.

1 도시·공항 Decode

```
DAC MAD
A:APT B:BUS C:CITY P:PRT H:HELI O:OFF-PT R:RAIL S:ASSOC TOWN
CITY :
    MAD*C ❶ MADRID ❷              ❸ /ES:SPAIN
❹ LATITUDE: 40°29'31"N          ❺ LONGITUDE: 03°34'10"W
❻ TIME DIFF: GMT +1H            ❼ LOCAL TIME IS 1203 ON WED08JUL20
❽ DAYLIGHT SAVING: 29MAR20 AT 0100 TO 25OCT20 AT 0100: +2H
                   28MAR21 AT 0100 TO 31OCT21 AT 0100: +2H
AIRPORT-HELIPORT :
    MAD A ❾ ADOLFO SUAREZ BARAJAS   /ES      - 0K
    TOJ A   TORREJON                /ES      - 11K
RAIL-PORT-BUS STATION :
    XOC R ❿ ATOCHA RAILWAY STN      /ES      - 14K
    XTI R   CHAMARTIN RAILWAY STN   /ES      - 9K
```

① C : City	MAD는 도시코드		
② MADRID	MAD의 Full Name	③ ES	SPAIN의 국가코드
④ LATITUDE	마드리드의 위도	⑤ LONGITUDE	마드리드의 경도
⑥ GMT +1H	Greenwich Mean Time(세계표준시) 보다 1시간 빠름		
⑦ LOCAL TIME	마드리드의 현지시간과 날짜		
⑧ DAYLIGHT SAVING	Summer Time(일광절약제) 정보		
⑨ A : Airport	공항	⑩ R : Railway Station	기차역

```
                    DAC PEK

DAC PEK                      ❶      ❷      ❸          ❹
A:APT B:BUS C:CITY P:PRT H:HELI O:OFF-PT R:RAIL S:ASSOC TOWN
CITY :
  BJS C  BEIJING                    /CN:CHINA
   LATITUDE: 40°04'48"N             LONGITUDE: 116°35'04"E
   TIME DIFF: GMT +8H               LOCAL TIME IS 1826 ON WED08JUL20
AIRPORT-HELIPORT :
  PEK A  CAPITAL INTL               /CN       - 25K
```

●PEK는 중국의 수도인 베이징의 캐피탈 공항코드임을 확인할 수 있다.

① P : PRT   Port(항구)   ② H : HELI   Heliport(헬리콥터 이착륙장)

③ O : OFF-PT   Off-Point(IATA 도시코드는 존재하지만 공항코드는 없음, QTW : 대전)

④ S : ASSOC TOWN   Associated Town(인근 도시)

2 도시·공항 Encode

```
                   DAN SEATTLE               →      Do
                                                    A
                                                    Name
                                                    SEATTLE    도시, 공항의Full Name
```

```
>  DAN SEATTLE

DAN SEATTLE
A:APT B:BUS C:CITY P:PRT H:HELI O:OFF-PT R:RAIL S:ASSOC TOWN
SEA*C  SEATTLE                                        /USWA
LATITUDE: 47°26'56"N         LONGITUDE: 122°18'34"W  ❶      ❷
TIME DIFF: -8H               LOCAL TIME IS 0346 ON WED08JUL20
DAYLIGHT SAVING: 08MAR20 AT 1000 TO 01NOV20 AT 0900: -7H
                 14MAR21 AT 1000 TO 07NOV21 AT 0900: -7H
    A  BFI - BOEING FLD KING CO INT  -  9K            /USWA
    A  LKE - LAKE UNION SPB          - 19K            /USWA
    A  SEA - SEATTLE TACOMA INTL     -  0K            /USWA
    A  PAE - SNOHOMISH COUNTY        - 51K            /USWA
```

●SEATTLE의 3자리 코드는 SEA 로 확인되었다.   ① US : 국가코드   ② WA : 주 코드

· 도시·공항 Encode : 띄어쓰기 된 Full Name은 반드시 띄어쓰기 → DAN <u>NEW YORK</u>

3 국가 Decode

DC US	
DC US	
US	UNITED STATES OF AMERICA/NORTHERN AMERICA TC1
	❶ ❷ ❸
USD	US DOLLAR LOCAL/INTL PUBLISHED
USA	UNITED STATES CITIZEN
UMI	UNITED STATES MINOR OUTLYING ISLANDS CITIZEN

① UNITED STATES OF AMERICA : 국가명

② NORTHERN AMERICA : Sub Area(북미지역)

③ TC1 : Traffic Conference(Area 1) 지역표시

4 국가 Encode

```
DC GERMANY
DE    GERMANY/EUROPE              TC2

EUR  EURO                         LOCAL/INTL PUBLISHED

DEU  GERMANY CITIZEN
```

▶ 독일의 국가코드는 DE 라는 것을 확인할 수 있다.

> **◆ IATA(International Air Transport Association : 국제항공운송협회)**
>
> • 항공운송산업의 권익대변과 정책 및 규제 개선, 승객 편의 증대, 항공사 안전운항 지원 등을 수행하고 각종 절차의 표준화를 목적으로 1945년 쿠바에서 설립된 순수 민간 국제협력기구
>
> • IATA의 수행기능은 항공운임 결정, IATA 규정을 제정하고 특히 지역별 운송회의에서 결정되는 운임 및 서비스 조건, 운송절차, 대리점 규정 등은 IATA에 가입된 모든 항공사와 대리점에 대하여 구속력을 가지고 있으며 각 국가의 정부는 이를 인정하고 있다.

5 주(State) Decode

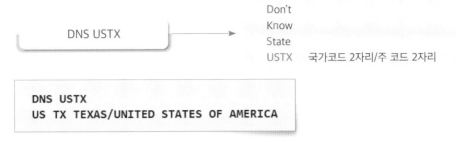

DNS USTX

Don't
Know
State
USTX 국가코드 2자리/주 코드 2자리

```
DNS USTX
US TX TEXAS/UNITED STATES OF AMERICA
```

US	국가코드	TX	주 코드
TEXAS	주 Full Name	UNITED STATES OF AMERICA	국가 Full Name

▶ 주 코드 TX는 TEXAS 주라는 것을 확인할 수 있다.

- 주 코드를 Decode 하는 경우는 반드시 국가코드를 먼저 입력해야 한다.

6 주(State) Encode

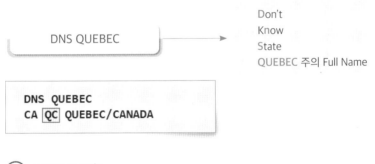

DNS QUEBEC

Don't
Know
State
QUEBEC 주의 Full Name

```
DNS QUEBEC
CA QC QUEBEC/CANADA
```

국가별 주 조회

GGSTATE AU

Go Go STATE
AU 국가코드

```
>   GGSTATE AU

                        AUSTRALIA STATES       EN   29MAY02 1208Z


    AC - AUSTRALIAN CAPITAL TERRITORY
    NS - NEW SOUTH WALES
    NT - NORTHERN TERRITORY
    QL - QUEENSLAND
    SA - SOUTH AUSTRALIA
    TS - TASMANIA
    VI - VICTORIA
    WA - WESTERN AUSTRALIA
```

7 항공사 Decode

DNA 7C → Don't
Know
Airline
7C 항공사 2자리 코드

```
DNA 7C
7C/JJA 806 JEJU AIR
```

7C	항공사 2자리 코드	JJA	항공사 3자리 코드
806	항공사 번호 코드	JEJU AIR	항공사 Full Name

◉ 7C 항공사 2자리 코드를 확인하니 제주항공이다.

DNA 806

```
DNA 806
7C/JJA 806 JEJU AIR
```

◉ 항공사 번호코드를 이용해서도 조회 가능하다.

8 항공사 Encode

DNA KOREAN AIR → Don't
Know
Airline
KOREAN AIR 항공사 Full Name

```
DNA KOREAN AIR
KE/KAL 180 KOREAN AIR
```

◉ 대한항공의 2자리 코드는 KE, 3자리 코드는 KAL, 번호코드는 180이다.

알파벳 E 시작하는 2자리 코드 항공사 List와 항공사 국적 조회

GGPCALAIR E → GG Participating Carrier Access List AIR E 알파벳

```
                    GGPCALAIR              EN  29JUN20 1153Z
    E7    EQUAFLIGHT SERVICE          REPUBLIC OF THE CONGO
    E9    EVELOP AIRLINES             SPAIN
    EB    WAMOS AIR                   SPAIN
    EI    AER LINGUS                  IRELAND
```

9 기종(Air Craft) Decode

DNE 773 → Don't
Know
Equipment
773 기종 코드

```
DNE 773
773 W  BOEING 777-300                           JET   358-550
```

773	기종코드	W	Wide Body
BOEING 777-300	기종 Full Name	JET 358-550	최소와 최대 좌석 수

10 기종(Air Craft) Encode

DNE BOEING → Don't
Know
Equipment
BOEING 항공기 제조회사

```
DNE BOEING
77L W  BOEING 777-200LR                         JET   268-301
773 W  BOEING 777-300                           JET   358-550
77W W  BOEING 777-300ER                         JET   339-378
779 W  BOEING 777-9 PASSENGER                   JET   314-426
781 W  BOEING 787-10                            JET   210-330
788 W  BOEING 787-8                             JET   210-250
789 W  BOEING 787-9                             JET   250-290
```

▶ 제조사의 모든 기종이 조회된다.

Decode/Encode Entry 정리(도시 · 공항코드만 Entry 다름, 나머지는 동일)

구분	Decode	Encode
도시(City) / 공항(Airport)	DAC MAD	**DAN** MADRID
국가(Country)	DC ES	DC SPAIN
주(State)	DNS USTX	DNS TEXAS
항공사(Airline)	DNA KE	DNA KOREAN AIR
기종(Equipment)	DNE 773	DNE BOEING

Decode/Encode 연습문제

1. 아래의 각 명칭을 Decode하여 Full Name을 쓰시오.

구분	코드	Entry	정답
도시 코드	SHA	DAC SHA	SHANGHAI
	HKT		
	DPS		
공항 코드	DXB		
	JFK		
	LHR		
	CTS		
국가 코드	BR		
	NL		
	VN		
주 코드	US(국가) / IL(주)		
	AU(국가) / QL(주)		
	CA(국가) / ON(주)		
항공사 코드	OZ		
	EK		
	AF		

2. 아래의 각 명칭의 Full Name을 Encode 하여 코드를 쓰시오.

구분	Full Name	Entry	정답
도시	DA NANG		
	AUCKLAND		
공항	KANSAI		
	CHARLES DE GAULLE		
국가	CROATIA		
	THAILAND		
주	VICTORIA		
	NEVADA		
항공사	JIN AIR		
	ETIHAD		

🖐 지역별 도시코드

지역	코드	도시	코드	도시
중국	BJS	BEIJING	KMG	KUNMING
	CAN	GUANGZHOU	KWL	GUILIN
	CGQ	CHANGCHUN	NKG	NANJING
	CKG	CHONGQING	SHA	SHANGHI
	DDG	DANDONG	SHE	SHENYANG
	DLC	DALIAN	TAO	QINGDAO
	HGH	HANGZHOU	TSN	TIANJIN
	HRB	HARBIN	YNJ	YANJI
일본	AOJ	AOMORI	OIT	OITA
	FUK	FUKUOKA	OKA	OKINAWA
	KIJ	NIIGATA	OKJ	OKAYAMA
	KMQ	KOMATSU	OSA	OSAKA
	NGO	NAGOYA	SPK	SAPPORO
	NGS	NAGASAKI	TYO	TOKYO
동남아	BKK	BANGKOK	MNL	MANILA
	BKI	KOTA KINABALU	NHA	NHA TRANG
	CEB	CEBU	PNH	PHNOM PENH
	CNX	CHING MAI	PQC	PHU QUOC
	DAD	DA NANG	REP	SIEM REAP
	DPS	DENPASAR-BALI	RGN	YANGON
	GUM	GUAM	SGN	HO CHI MINH CITY
	HAN	HANOI	SIN	SINGAPORE
	HKG	HONG KONG	SPN	SAIPAN
	HKT	PHUKET	TPE	TAIPEI
	JKT	JAKARTA	ULN	ULAANBAATAR
	KLO	KALIBO	VTE	VIENTIANE
	KUL	KUALA LUMPUR	VVO	VLADIVOSTOK

지역	코드	도시	코드	도시
서남아	BOM	MUMBAI	KBL	KABUL
	CMB	COLOMBO	KHI	KARACHI
	DAC	DHAKA	KTM	KATHMANDU
	DEL	DELHI	MAA	CHENNAI
	ISB	ISLAMABAD	MLE	MALE
북미	ANC	ANCHORAGE	MEX	MEXICO CITY
	ATL	ATLANTA	MIA	MIAMI
	BOS	BOSTON	MSP	MINNEAPOLIS
	CHI	CHICAGO	NYC	NEW YORK
	CUN	CANCUN	SEA	SEATTLE
	DFW	DALLAS	SFO	SAN FRANCISCO
	DTW	DETROIT	WAS	WASHINGTON
	HNL	HONOLULU	YOW	OTTAWA
	LAS	LAS VEGAS	YTO	TORONTO
	LAX	LOS ANGELES	YVR	VANCOUVER
남미	BOG	BOGOTA	RIO	RIO DE JANEIRO
	BUE	BUENOS AIRES	SAO	SAO PAULO
	LIM	LIMA	SCL	SANTIAGO
유럽	AMS	AMSTERDAM	MIL	MILAN
	ATH	ATHENS	MOW	MOSCOW
	BCN	BARCELONA	NCE	NICE
	CPH	COPENHAGEN	OSL	OSLO
	FRA	FRANKFURT	PAR	PARIS
	HEL	HELSINKI	PRG	PRAGUE
	IST	ISTANBUL	ROM	ROME
	LED	ST PETERSBURG	VIE	VIENNA
	LON	LONDON	ZAG	ZAGREB
	MAD	MADRID	ZRH	ZURICH

지역	코드	도시	코드	도시
중동	AUH	ABU DHABI	DXB	DUBAI
	BAH	BAHRAIN	RUH	RIYADH
	CAI	CAIRO	THR	THERAN
	DOH	DOHA	TLV	TEL AVIV YAFO
남서태평양	AKL	AUCKLAND	MEL	MELBOURNE
	BNE	BRISBANE	ROR	KOROR
	CBR	CANBERRA	ROT	ROTORUA
	CHC	CHRISTCHURCH	SYD	SYDNEY
	CNS	CAIRNS	WLG	WELLINGTON
아프리카	ADD	ADDID ABABA	JNB	JOHANNESBURG
	CPT	CAPE TOWN	TIP	TRIPOLI

🖐 국내 도시코드

코드	도시	코드	도시
CJJ	CHEONGJU	PUS	BUSAN
CJU	JEJU	RSU	YEOSU
HIN	JINJU	SEL	SEOUL
KAG	GANGNEUNG	TAE	DAEGU
KPO	POHANG	USN	ULSAN
KUV	GUNSAN	YEC	YECHEON
KWJ	GWANGJU	YNY	YANGYANG

👆 주요 항공사 코드

코드	항공사	코드	항공사
AA	AMERICAN AIRLINES	LH	LUFTHANSA
AC	AIR CANADA	LJ	JIN AIR
AF	AIR FRANCE	MH	MALAYSIA AIRLINES
AZ	ALITALIA	MU	CHINA EASTERN AIRLINES
BA	BRITISH AIRWAYS	NH	ALL NIPPON AIRWAYS
BX	AIR BUSAN	NZ	AIR NEW ZEALAND
CA	AIR CHINA	OK	CZECH AIRLINES
CI	CHINA AIRLINES	OS	AUSTRIAN AIRLINES
CO	COBALT	OZ	AIANA AIELINES
CX	CATHAY PACIFIC	PR	PHILIPPINE AIRLINES
CZ	CHINA SOUTHERN AIRLINES	QF	QANTAS AIRWAYS
DL	DELTA AIR LINES	RS	AIR SEOUL
EK	EMIRATES	SK	SCANDINAVIAN AIRLINES
GA	GARUDA INDONESIA	SQ	SINGAPORE AIRLINES
HA	HAWAIAN AIRLINES	SU	AEROFLOT
JL	JAPAN AIRLINES	TG	THAI AIRWAYS
KA	CATHAY DRAGON	UA	UNITED AIRLINES
KE	KOREAN AIR	VN	VIETNAM AIRLINES
KL	KLM ROYAL DUTCH AIRLINES	7C	JEJU AIR

02 예약가능편(Availability) 조회

1 기본 Entry(Availability Neutral)

> AN20NOVSELHNL → 예약가능한 좌석과 대기자 좌석 조회 가능

```
AN20NOVSELHNL ❶
** AMADEUS AVAILABILITY - AN ** HNL HONOLULU.USHI        ❺     ❻
                                                        133 FR 20NOV 0000
  1OZ:TG6733  C4 D4 J4 Y4 B4 M4 H4 /ICN 1 HNL 2  2020      0930  E0/77L      8:10
  ❷           Q4 T4 K4 V4 W4           ❸            ❹        ❼           ❽
  2  OZ 232   J9 C9 D9 Z9 U6 P6 Y9 /ICN 1 HNL 2  2020      0930  E0/77L      8:10
              B9 M9 H9 E9 Q9 K9 S9 V9 W9 T4 L9 GR
  3KE:DL7939  F3 J9 C9 D9 I9 Z9 Y9 /ICN 2 HNL 2  2035      0930  E0/74H      7:55
              B9 M9 H9 Q9 K9 L9 U9 T9 X9 V9
  4  KE 053   P3 AL J9 C9 D9 I9 R4 /ICN 2 HNL 2  2035      0930  E0/74H      7:55
       ❾   ❿  Z9 Y9 B9 M9 S9 H9 E9 K9 L9 U9 Q9 N1 TL GL
  5  HA 460   J7 P7 C7 A7 D7 Y7 W7  ICN 1 HNL 2  2150      1115  E0.332      8:25
              X7 Q7 V7 B7 S7 N7 M7 I7 H7 G7 K7 L7 Z7 O7 R7 E  U0 T7
  6HA:KE7895  J4 C4 Y7 B7 M7 S7 H7 /ICN 1 HNL 2  2150      1115  E0/332      8:25
              E7 K7 L7 U7 Q7
  7  KE 001   J8 C8 D1 I1 R1 Z2 Y9 /ICN 2 HNL 2  1720      0900  E1/333     10:40
              B9 M9 S9 H9 E9 K9 L9 U9 Q9 NL TL GL
```

① 예약가능편 조회 기본 Entry AN, 출발일 11월 20일, 출발지, 도착지

② 공동운항편(Code Share Flight 표시 : OZ – Operating Carrier, TG – Marketing Carrier)

③ 출발지/도착지 공항코드와 터미널 번호(ICN 공항 1터미널 출발, HNL 공항 2터미널 도착)

④ ICN 공항 출발시간, HNL 도착 현지시간(도착시간 0930은 당일도착, 0930+1은 다음날 도착)

⑤ 133 : 조회일로부터 출발일까지 남은 일자, FR : Friday(출발일 11월 20일은 금요일)

⑥ 20NOV : 출발일, 0000 : 기준시간

⑦ E : E-Ticket 발권 가능 표시, 0 : 경유지 횟수(직항), 77L : 기종 코드

⑧ 8시간 10분의 비행시간

⑨ KE : 항공사 코드, 053 : 편수(Flight Number)

⑩ P : Booking Class, 3 : 좌석수(9 : 9 또는 그 이상의 좌석수 존재, 1-8 : 실제 가능한 좌석수

　　L 또는 0 : 대기, Waiting,　　　　　　　　R : Request 단체 좌석 요청

　　C : Close 또는 S : Suspend 대기자 예약 불가, 중단

2 특정 항공사 지정 조회

AN20NOVSELBKK/AKE ➞ Availability Neutral 출발일 출·도착지/Airline KE

```
AN20NOVSELBKK/AKE
** AMADEUS AVAILABILITY - AN ** BKK BANGKOK.TH              133 FR 20NOV 0000
  1  KE 657  P6 A1 J9 C9 DL IL RL /ICN 2 BKK     0915    1315  E0/77W    6:00
            Z9 Y9 B9 M9 S9 H9 E9 K9 L9 U9 Q9 NL TL GL
  2  KE 651  P9 A4 J9 C9 D9 I9 R9 /ICN 2 BKK     1720    2130  E0/388    6:10
            Z9 Y9 B9 M9 S9 H9 E9 K9 L9 U9 Q9 N9 T9 GL
  3  KE 653  P2 A1 J9 C9 D1 IL RL /ICN 2 BKK     1905    2320  E0/77W    6:15
            Z9 Y9 B9 M9 S9 H9 E9 K9 L9 U9 Q9 N9 TL GL
  4  KE 659  P8 A3 J9 C9 D9 I9 R9 /ICN 2 BKK     2010   0020+1 E0/77W    6:10
            Z9 Y9 B9 M9 S9 H9 E9 K9 L9 U9 Q9 N9 T9 GL
```

▶ 특정 항공사인 KE만 조회되었다. 도시코드로 조회했지만 공항코드로 가능편이 보여 진다.
▶ 4번라인의 KE659편은 도착시간이 0020+1 이므로 11월 21일 방콕에 도착함을 의미한다.

AN20NOVSELBKK/ATG

```
AN20NOVSELBKK/ATG
** AMADEUS AVAILABILITY - AN ** BKK BANGKOK.TH              133 FR 20NOV 0000
  1  TG 659  C9 D9 J9 Z9 Y9 B9 M9 /ICN 1 BKK     0935    1330  E0/330    5:55
            H9 Q9 T9 K9 S9
  2  TG 657  C9 D9 J9 Z9 Y9 B9 M9 /ICN 1 BKK     1050    1445  E0/773    5:55
            H9 Q9 T9 K9 S9
 3OZ:TG6727  C4 Y4 B4 M4 H4 Q4 T4 /ICN 1 BKK     1830    2205  E0/333    5:35
  4  TG 655  C9 D9 J9 Z9 Y9 B9 M9 /ICN 1 BKK     2125   0120+1 E0/777    5:55
            H9 Q9 T9 K9 S9
  5  TG 635  C9 D9 J9 Z9 Y9 B9 M9 /ICN 1 BKK     1730    2305  E1/773    7:35
            H9 Q9 T9 K9 S9
```

▶ 특정 항공사인 TG만 조회되었다. 5번 라인의 TG635편은 1회 경유한다
▶ 특정 항공사 지정은 최대 6개까지 가능 AN20NOVSELBKK/AKE,TG,OZ,7C,LJ,TW)

3 두 구간 동시 조회(Dual City Pair)

> AN20NOVSELSIN/AKE*30NOV ➡ 왕복 여정의 예약가능편 조회

```
AN20NOVSELSIN/AKE*30NOV
** AMADEUS AVAILABILITY - AN ** SIN SINGAPORE.SG          133 FR 20NOV 0000
 1   KE 643  J9 C9 DL IL RL Z7 Y9 /ICN 2 SIN 4  1435    2015  E0/773      6:40
             B9 M9 S9 H9 E9 K9 L9 U9 Q9 N6 T1 GL
 2   KE 645  PL AL J9 C9 DL IL RL /ICN 2 SIN 4  1835  0010+1E0/77W      6:35
             Z7 Y9 B9 M9 S9 H9 E9 K9 L9 U9 Q9 NL TL GL



** AMADEUS AVAILABILITY - AN ** SEL SEOUL.KR             143 MO 30NOV 0000
11   KE 646  PL AL J9 C9 D2 IL RL /SIN 4 ICN 2  0130    0850  E0/77W      6:20
             Z7 Y9 B9 M9 S9 H9 E9 K9 L9 U9 Q9 N7 T4 GL
12   KE 648  J9 C9 D5 IL RL Z1 Y9 /SIN 4 ICN 2  1100    1830  E0/333      6:30
             B9 M9 S9 H9 E9 K9 L9 U9 Q9 NL TL GL
13   KE 644  J9 C9 DL IL RL Z7 Y9 /SIN 4 ICN 2  2230  0545+1E0/773      6:15
             B9 M9 S9 H9 E9 K9 L9 U9 Q9 N4 T1 GL
```

▶ 1번과 2번라인은 11월 20일 ICN/SIN 구간, 11번부터 13번 라인은 11월 30일 SIN/ICN 구간의 예약가능편이 왕복으로 조회되었다.

🖐 출발일 지정에 필요한 Month의 약어

출발일은 DDMMM으로 지정 : 12월 23일이면 23DEC 지정							
1월	JAN	4월	APR	7월	JUL	10월	OCT
2월	FEB	5월	MAY	8월	AUG	11월	NOV
3월	MAR	6월	JUN	9월	SEP	12월	DEC

```
                                                                    ┌──────────────┐
   AN20NOVSELSHA/AKE*30NOVBJSPUS/AKE  ────────────────────▶          │ 두 구간 동시 조회 │
                                                                    └──────────────┘
```

```
AN20NOVSELSHA/AKE*30NOVBJSPUS/AKE
** AMADEUS AVAILABILITY - AN ** SHA SHANGHAI.CN                133 FR 20NOV 0000
  1   KE 893  J9 C9 D7 I5 RL Z9 Y9 /ICN 2 PVG 1  0825    0945 E0/333       2:20
              B9 M9 S9 H9 E9 K9 L9 U9 Q9 N9 T7 G9
  2   KE 897  J9 C9 D5 I3 R1 Z9 Y9 /ICN 2 PVG 1  1110    1235 E0/333       2:25
              B9 M9 S9 H9 E9 K9 L9 U9 Q9 N9 T9 GL
  3   KE 815  F6 A3 J9 C9 D8 I7 R4 /GMP I SHA 1  1555    1700 E0/772       2:05
              Z9 Y9 B9 M9 S9 H9 E9 K9 L9 U9 Q9 NL TL GL
  4   KE 895  P8 A5 J9 C9 D9 I9 R5 /ICN 2 PVG 1  1905    2025 E0/772       2:20
              Z9 Y9 B9 M9 S9 H9 E9 K9 L9 U9 Q9 NL TL GL

** AMADEUS AVAILABILITY - AN ** PUS BUSAN.KR                   143 MO 30NOV 0000
  11  KE 850  J8 C8 D3 I2 R1 Z4 Y9 /PEK 2 PUS I  1835    2200 E0/739       2:25
              B9 M9 S9 H9 E9 K9 L9 U9 Q9 N9 T2 G9
```

▶ 출발구간은 SELSHA, 돌아오는 구간은 BJSPUS으로 동시에 예약가능편 조회 가능하다.
▶ 운영되는 항공편의 공항코드를 확인할 수 있다.

5 Direct Access Availability

특정 항공사의 경우 Direct Access Availability를 통해 해당 항공사 시스템에 접속되어 정확한 좌석을 조회할 수 있다.

Direct Access Availability 지원 여부 확인

```
┌──────────────┐              ┌─────────────────────────────────────┐
│   GGPCADL    │ ──────────▶  │ GG    Go Go                         │
└──────────────┘              │ PCA   Participating Carrier Access   │
                              │ DL    조회 항공사 코드                 │
                              └─────────────────────────────────────┘
```

```
>GGPCADL


PARTICIPATING CARRIER ACCESS AND FUNCTION LEVEL
DL  -  DELTA AIR LINES

                                         ALTEA RESERVATION :
          ACCESS INDICATOR :  /      RECORD LOCATOR RETURN :  ALL
   LAST SEAT AVAIL INDIC :  /      CARRIER PREFERRED DISP :
          STANDARD ACCESS :          BOOKING RANGE IN DAYS :  331
      AMADEUS ACCESS SELL :  YES     INTERACTIVE SEAT MAP :  YES
      DYNAMIC SCHEDULE UPD :  YES          INTERACTIVE ASR :  YES
      NUMERIC AVAIL UPDATE :               ASR DAYS/HOURS :  330/02
   AMADEUS DYNAMIC AVAIL :  YES     BP ISSUE DAYS/HOURS :  000/00
          DIRECT ACCESS :  AVL FAR FLI SMP MIS
```

● Direct Access 항목에 AVL로 표기된 항공사만 가능하다

다음의 2가지 방법으로 조회 가능하다.

1 Direct Access Availability

1DLAN10JANSELATL →

1	Direct Access 기본 Entry
DL	항공사
AN	Availability Neutral
10JAN	출발일
SELATL	구간

```
>1DLAN10JANSELATL

1DLAN10JANSELATL
** DL - DELTA AIR LINES **                170 SU 10JAN 0000
21   DL 026    J9  C9  D9  I9  Z9  ICN ATL 2005    1940    0 359
               P9  A9  G9  Y9  B9  M9  H9  Q9  K9  L9  U9
               T9  X9  V9  E9
22   DL7851    F5  J9  C9  D9  I9  ICN ATL 0945    0910    0 74H
               Z0  Y9  B9  M9  H9  Q9  K9  L9  U0  T0  X0
               V0
```

● DL 항공 시스템으로 링크되어 해당 항공사의 시스템과 동일한 좌석 수가 조회된다.

2 Availability 조회 후 Direct Access Link

AN10JANSELATL/ADL → **ACL2**

AC	Availability Change
L	Link
2	Availability 라인 번호

```
>AN10JANSELATL/ADL

AN10JANSELATL/ADL
** AMADEUS AVAILABILITY - AN ** ATL ATLANTA.USGA          170 SU 10JAN 0000
 1KE:DL7851 F5 J9 C9 D9 I9 Z0 Y9 /ICN 2 ATL I  0945      0910  E0/74H      13:25
            B9 M9 H9 Q9 K9 L9 U0 T0 X0 V0
  2   DL 026 J9 C9 D9 I9 Z9 P9 A9 /ICN 2 ATL I  1830      1759  E0/359      13:29
            G9 Y9 B9 M9 H9 Q9 K9 L9 U9 T9 X9 V9 E9
  3   DL 196 J9 C9 D9 I9 Z9 P9 A9 /ICN 2 SEA    2005      1324  E0/339
            G9 W9 S9 Y9 B9 M9 H9 Q9 K9 L9 U9 T9 X9 V9 E9
      DL 737 J9 C9 D9 I9 Z9 W9 S9 /SEA    ATL S  1510     2244  E0/739      16:39
            Y9 B9 M9 H9 Q9 K9 L9 U9 T9 X9 V9 E9
```

▶ 2번 라인의 DL026편의 좌석을 DL 시스템으로 링크하여 조회하려면 ACL2 Entry입력한다.

```
>ACL2

1DLAD10JANICNATL1830
** DL - DELTA AIR LINES **                      170 SU 10JAN 1830
 21  DL 026  J9  C9  D9  I9  Z9  ICN ATL 2005      1940     0 359
             P9  A9  G9  Y9  B9  M9  H9  Q9  K9  L9  U9
             T9  X9  V9  E9
 22  DL 170  J9  C9  D9  I9  Z9  ICN MSP 1925      1615     0 359
             P9  A9  G9  Y9  B9  M9  H9  Q9  K9  L9  U9
             T9  X9  V9  E9
     DL1822  J9  C9  D9  I9  Z9  MSP ATL 1744      2120     0 739
             W9  S9  Y9  B9  M9  H9  Q9  K9  L9  U9  T9
             X9  V9  E9
```

▶ DL 항공사의 시스템으로 링크되었다.

6 예약가능편 간편 Entry

Entry	설 명
AC2	현재 조회된 예약가능편을 2일 후로 변경 조회(Availability Change 2일 후)
AC-1	현재 조회된 예약가능편을 하루 전 날짜로 변경조회(Availability Change 1일 전)
AC20DEC	현재 조회된 예약가능편을 12월 20일로 변경하여 조회
ACR5	현재 조회된 예약가능편을 리턴 구간으로 5일 후 조회(Availability Change Return)
ACR25DEC	현재 조회된 예약가능편을 리턴 구간으로 12월 25일로 조회
AC/ACX	현재 조회된 예약가능편의 항공사를 CX항공사로 변경하여 조회
AC1*2	현재 조회된 Dual City Pair에서 출발구간 1일 후와 리턴 구간 2일 후 조회
AC3*	현재 조회된 Dual City Pair에서 출발구간만 3일 후와 리턴 구간은 동일날짜 조회
AC*5	현재 조회된 Dual City Pair에서 출발구간은 동일날짜와 리턴 구간은 5일 후 조회

7 예약가능편 선택사항(Option) 조회

Entry	설 명
AN20NOVSELBKK/AKE, OZ, TG, 7C, LJ, TW	복수의 특정항공사 지정 조회(최대 6개)
AN20NOVSELBKK/A-KE	KE를 제외하고 조회
AN20NOVSELBKK/A+KE	Code Share Flight를 제외한 KE 항공편만 조회
AN20NOVSELBKK1200/AKE	12시를 기준으로 시간 지정 조회
AN20NOVSELBKK/XHKG	경유지 지정(SEL-HKG-BKK) 조회
AN20NOVSELBKK/AKE653	특정항공사 편수 지정 조회
AN20NOVSELBKK/AKE/CM	특정항공사 Booking Class M 지정 조회
AN20NOVSELBKK/AKE653/CM	특정항공사의 항공편과 Booking Class M 지정 조회
AN*S20NOVSELBKK	Skyteam Alliance 항공사 조회
AN*A20NOVSELBKK	Star Alliance 항공사 조회
AN*O20NOVSELBKK	One World Alliance 항공사 조회
AN20NOVSELBKK/AKE/CM* 30NOVHKGSEL/AKE/CB	Dual City Pair에서 특정항공사와 Class 지정 조회

🖐 도착날짜 확인하기

```
AN20NOVSELSIN/AKE
** AMADEUS AVAILABILITY - AN ** SIN SINGAPORE.SG          133 FR 20NOV 0000
   1   KE 643  J9 C9 DL IL RL Z7 Y9 /ICN 2 SIN 4  1435   2015  E0/773      6:40
               B9 M9 S9 H9 E9 K9 L9 U9 Q9 N6 T1 GL
   2   KE 645  PL AL J9 C9 DL IL RL /ICN 2 SIN 4  1835   0010+1 E0/77W      6:35
               Z7 Y9 B9 M9 S9 H9 E9 K9 L9 U9 Q9 NL TL GL
```

▶ 1번라인의 KE643편은 SIN 도착시간 2015 옆에 + 또는 −부호가 없으므로 11월 20일 도착
▶ 2번라인의 KE645편은 도착시간 0010+1 이므로 1일 후인 11월 21일 도착

```
AN22NOVAKLPPT/ATN
** AMADEUS AVAILABILITY - AN ** PPT TAHITI.PF             135 SU 22NOV 0000
   1   TN 102  J9 C9 D9 Z2 FL RL W9 /AKL I PPT I  1630   2215-1 E0/789      4:45
               E  A9 P9 I2 Y9 M9 K9 H9 T9 L9 V9 Q9 S9 O9 U7 BL X4
```

▶ TN102편은 도착시간 2215−1 이므로 1일 전인 11월 21일 22시 15분에 도착

03 Schedule 조회

예약가능편 조회와 응답이 유사하고, Schedule 조회는 예약 마감된 Close된 좌석도 확인 가능 예약가능편 조회는 Close된 좌석은 조회되지 않는다.

> SN20NOVSELBKK/ATG ⟶ Schedule Neutral 출발일 출 · 도착지/Airline TG

```
SN20NOVSELBKK/ATG
** AMADEUS SCHEDULES - SN ** BKK BANGKOK.TH           133 FR 20NOV 0000
 1   TG 659  C9 D9 J9 Z9 Y9 B9 M9 /ICN 1 BKK    0935    1330  E0/330      5:55
             H9 Q9 T9 K9 S9 VC WC LC
 2   TG 657  C9 D9 J9 Z9 Y9 B9 M9 /ICN 1 BKK    1050    1445  E0/773      5:55
             H9 Q9 T9 K9 S9 VC WC LC
```

▶ V Class의 C는 Close를 의미한다. W Class와 L Class도 Close로 예약 마감되었다.

```
AN20NOVSELBKK/ATG
** AMADEUS AVAILABILITY - AN ** BKK BANGKOK.TH        133 FR 20NOV 0000
 1   TG 659  C9 D9 J9 Z9 Y9 B9 M9 /ICN 1 BKK    0935    1330  E0/330      5:55
             H9 Q9 T9 K9 S9 □
 2   TG 657  C9 D9 J9 Z9 Y9 B9 M9 /ICN 1 BKK    1050    1445  E0/773      5:55
             H9 Q9 T9 K9 S9
```

▶ 예약가능편 조회인 AN 응답화면에서는 Close된 V, W, C의 Class가 조회되지 않는다.

👆 SN과 AN의 차이

SN20NOVSELBKK/ATG	AN20NOVSELBKK/ATG
예약마감(Close)된 Class가 조회된다.	예약마감(Close)된 Class는 조회되지 않는다.

Time table 조회

해당 항공편의 운항 요일을 확인하고자 하는 경우 사용

TN20NOVSELKUL → Time table
Neutral
출발일 출·도착지

```
TN20NOVSELKUL
** AMADEUS TIMETABLE - TN ** KUL KUALA LUMPUR.MY                    20NOV20 27NOV20
 1MH:UL2739①X23   ICN 1 KUL M  0010     0555 ④0 260CT20 31JAN21 333⑥6:45⑦
 2   MH 039  X23   ICN 1 KUL M  0010     0555    0 260CT20 28MAR21 333   6:45
 3   D7 507②D     ICN 1 KUL 2  0935     1520    0 250CT20 27MAR21 333   6:45
 4MH:KE5671  D     ICN 1 KUL M  1105     1645    0 250CT20 27MAR21 333   6:40
 5   MH 067  D     ICN 1 KUL M  1105     1645    0 250CT20 27MAR21 333   6:40
 6   D7 505  D     ICN 1 KUL 2  1555     2140    0 250CT20 27MAR21 333   6:45
 7KE:MH5621③D     ICN 2 KUL M  1640     2220    0 250CT20 27MAR21 74H   6:40
 8   KE 671  D     ICN 2 KUL M  1640     2220    0 250CT20 27MAR21 74H   6:40
 9   D7 509  1356 ICN 1 KUL 2  2325     0455+1 0 260CT20 27MAR21 333   6:30
```

① X23 : 화요일과 수요일 제외한 월목금토일 운항(1234567 : 월화수목금토일)

　→ X6 : 토요일 제외하고 운항, X14 : 월요일,목요일을 제외하고 운항을 의미한다.

② D : Daily(매일 운항)

③ 1356 : 월수금토 운항

④ 0 : 경유지 횟수(직항)

⑤ 26OCT20 31JAN21 : 운항기간

⑥ 333 : 기종

⑦ 6 : 45 비행시간

⑧ 20NOV20 27NOV20 : 요청일 11월 20일부터 일주일의 날짜범위

```
┌─────────────────────────┐
│  TN20NOVSELKUL/AKE      ├──────────→   특정항공사 지정 조회
└─────────────────────────┘
```

```
TN20NOVSELKUL/AKE
** AMADEUS TIMETABLE - TN ** KUL KUALA LUMPUR.MY              20NOV20 27NOV20
 1MH:KE5669  X23   ICN 1 KUL M  0010      0555    0 26OCT20 28MAR21 333  6:45
 2MH:KE5671  D     ICN 1 KUL M  1105      1645    0 25OCT20 27MAR21 333  6:40
 3   KE 671  D     ICN 2 KUL M  1640      2220    0 25OCT20 27MAR21 74H  6:40
```

▶ 1번과 2번 라인은 MH와 KE 항공사의 공동운항편이다.
   좌측의 MH가 Operating Carrier인 탑승 항공사, 우측의 KE는 Marketing Carrier인 판매항공사
▶ 3번 라인의 KE671편은 Daily로 KE 항공사는 매일 운항함을 확인할 수 있다.

🖐 간편 Entry

TCAN	Timetable Change AN	현재 TN 응답화면을 AN 응답화면으로 변경하여 조회
SCTN	Schedule Change TN	현재 SN 응답화면을 TN 응답화면으로 변경하여 조회
ACTN	Availability Change TN	현재 AN 응답화면을 TN 응답화면으로 변경하여 조회
TCR	Timetable Change Return	리턴 구간(KULSEL)의 운항 요일 조회

```
TN20NOVSELKUL/AKE
** AMADEUS TIMETABLE - TN ** KUL KUALA LUMPUR.MY              20NOV20 27NOV20
 1MH:KE5669  X23   ICN 1 KUL M  0010      0555    0 26OCT20 28MAR21 333  6:45
 2MH:KE5671  D     ICN 1 KUL M  1105      1645    0 25OCT20 27MAR21 333  6:40
 3   KE 671  D     ICN 2 KUL M  1640      2220    0 25OCT20 27MAR21 74H  6:40
NO MORE FLIGHTS  20NOV20 TO  27NOV20
*TRN*
>TCAN


AN20NOVSELKUL/AKE -TC-
** AMADEUS AVAILABILITY - AN ** KUL KUALA LUMPUR.MY         132 FR 20NOV 0000
 1MH:KE5669  J4 C4 Y9 B9 M9 S9 H9 /ICN 1 KUL M  0010      0555  E0/333       6:45
             E9 K9 L9 U9 Q9 N9
 2MH:KE5671  J4 C4 Y9 B9 M9 S9 H9 /ICN 1 KUL M  1105      1645  E0/333       6:40
             E9 K9 L9 U9 Q9 N9
 3   KE 671  P6 A2 J9 C9 D9 I9 R2 /ICN 2 KUL M  1640      2220  E0/74H       6:40
             Z9 Y9 B9 M9 S9 H9 E9 K9 L9 U9 Q9 N9 T7 G9
```

▶ TN 응답화면에서 AN 응답화면으로 변경되어 조회되었다.

• 특정항공편의 중간 경유공항, 지상조업시간 등을 확인할 수 있다.

1 예약가능편 조회 후 해당편수의 라인번호로 조회

> AN20NOVSELHNL/AKE ➡ DO3(Display Operation 3 : Line 번호)

```
AN20NOVSELHNL/AKE
** AMADEUS AVAILABILITY - AN ** HNL HONOLULU.USHI          132 FR 20NOV 0000
 1   KE 053  P3 AL J9 C9 D9 I9 R4 /ICN 2 HNL 2  2035    0930 E0/74H      7:55
            Z9 Y9 B9 M9 S9 H9 E9 K9 L9 U9 Q9 N1 TL GL
2HA:KE7895  J4 C4 Y7 B7 M7 S7 H7 /ICN 1 HNL 2  2150    1115 E0/332      8:25
            E7 K7 L7 U7 Q7
 3   KE 001  J8 C8 D1 I1 R1 Z2 Y9 /ICN 2 HNL 2  1720    0900 E1/333     10:40
            B9 M9 S9 H9 E9 K9 L9 U9 Q9 NL TL GL
```

▶ 3번 라인의 KE001편은 1회 경유하는 것을 확인할 수 있다.

```
 )>DO3
 *1A PLANNED FLIGHT INFO*              ⑦KE   1 ⑧132 FR 20NOV20
❶APT❷ARR  ❸DY❹DEP  ❺DY❻CLASS/MEAL       ⑨EQP ⑩GRND ⑪EFT  ⑫TTL
 ICN          1720  FR JCDIRZOYBMS/M        333        2:20
                       HEKLUQNTGX/M
 NRT 1940  FR 2100  FR JCDIRZOYBMS/BD            1:20  7:00
                       HEKLUQNTGX/BD
 HNL 0900  FR                                         10:40
```

▶ KE001편은 ICN에서 NRT경유하여 HNL로 운항, NRT에서 지상조업시간은 1시간 20분

① APT : Airport	② ARR : Arrival Time(도착시간)
③ DY : Day(도착 요일)	④ DEP : Departure Time(출발시간)
⑤ DY : Day(출발 요일)	⑥ CLASS/MEAL : 운영 Class와 기내식
⑦ KE 1 : KE001 항공편(0은 생략)	⑧ 132 : 조회일로부터 출발일까지 남은 일수
⑨ EQP : Equipment(기종 333)	⑩ GRND : Ground Time(지상조업시간)
⑪ EFT : Elapsed Flying Time(비행시간)	⑫ TTL : Total(총 소요시간)

2 특정항공편과 출발일 지정 조회

DOKE001/20NOV

```
>DOKE001/20NOV

♪>KE001/20NOV
*1A PLANNED FLIGHT INFO*               KE   1  132 FR 20NOV20
APT ARR   DY DEP   DY CLASS/MEAL          EQP  GRND  EFT   TTL
ICN          1720  FR JCDIRZOYBMS/M❶      333        2:20
                      HEKLUQNTGX/M
NRT 1940  FR 2100  FR JCDIRZOYBMS/BD❷          1:20  7:00
                      HEKLUQNTGX/BD
HNL 0900  FR                                         10:40
```

▶ 동일한 응답을 확인할 수 있다.

① M : 간단한 식사 제공
② BD : Breakfast / Dinner 제공

DOTG635/20NOV

```
>DOTG635/20NOV

♪>TG635/20NOV
*1A PLANNED FLIGHT INFO*               TG 635  132 FR 20NOV20
APT ARR   DY DEP   DY CLASS/MEAL          EQP  GRND  EFT   TTL
ICN          1730  FR CDJZIRYBMHQ/M       773        2:40
                      GTKSXVWLN/M
TPE 1910  FR 2010  FR CDJZIRYBMHQ/M            1:00  3:55
                      GTKSXVWLN/M
BKK 2305  FR                                         7:35
```

▶ TG635편은 ICN에서 TPE경유하여 BKK에 도착하는 항공편이다.
ICN/TPE 구간의 비행시간은 2시간 40분, TPE공항에서의 지상조업시간은 1시간
TPE/BKK 구간의 비행시간은 3시간 55분, 총 소요시간은 7시간 35분이다.

운항방식에 따른 항공편 구분

1 Non-Stop Flight

- 출발지와 목적지 간에 경유지 없이 직행으로 운항하는 항공편

```
AN10JANSELHNL
** AMADEUS AVAILABILITY - AN ** HNL HONOLULU.USHI          171 SU 10JAN 0000
  1OZ:TG6733 C4 D4 J4 Y4 B4 M4 H4 /ICN 1 HNL 2  2020    0930  E0/77L      8:1
             Q4 T4 K4 V4 W4
  2   OZ 232 J9 C9 D9 Z9 U6 P6 Y9 /ICN 1 HNL 2  2020    0930  E0 /77L     8:1
             B9 M9 H9 E9 Q9 K9 S9 V9 W9 T6 L9 GR
  3   KE 053 P5 A2 J9 C9 D9 I5 RL /ICN 2 HNL 2  2035    0930  E0/74H      7:5
             Z9 Y9 B9 M9 S9 H9 E9 K9 L9 U9 OL NL TL G9
```

▶ 숫자 0으로 표기된 항공편

2 Direct Flight

- 출발지에서 목적지까지 동일한 항공편으로 운항하지만 경유지가 있는 항공편을 의미한다.
- 일반적으로 급유 또는 중간 경유지에서 추가 승객을 탑승시키기 위해 경유한다.

```
> AN11JANSELMLE/AKE

AN11JANSELMLE/AKE
** AMADEUS AVAILABILITY - AN ** MLE MALE.MV               172 MO 11JAN 0000
  1   KE 473  J9 C9 D9 I8 RL Z2 Y9 /ICN 2 MLE   2240   0700+1 E1 /333    12:20
             B9 M9 S9 H9 E9 K9 L9 U9 Q9 N9 T9 GL
*TRN*

> DO1

DO1
*1A PLANNED FLIGHT INFO*              KE 473  172 MO 11JAN21
APT ARR   DY DEP   DY CLASS/MEAL        EQP  GRND  EFT   TTL
ICN          2240  MO JCDIRZO/DS Y/DR    333        9:00
                      BMSHEKLUQNT/DR
                      GX/DR
CMB 0410  TU 0600  TU JCDIRZOYBMS/K          1:50  1:30
                      HEKLUQNTGX/K
MLE 0700  TU                                       12:20
```

▶ KE473편은 1회 경유한다. ICN-CMB-MLE까지 동일한 항공편인 Direct Flight이다.

3 Connection Flight

- 출발지와 최종 목적지 사이에 경유지가 존재하며, 경유지에서 다른 항공편으로 환승한 후 이동하는 운항방식으로 동일 항공사 또는 서로 다른 항공사로 편 명이 조합된 경우를 모두 포함한다.

```
AN10JANSELMAN
** AMADEUS AVAILABILITY - AN ** MAN MANCHESTER.GB          171 SU 10JAN 0000
  1   AY 042  J9 C9 D9 R9 I9 U9 Y9 /ICN 1 HEL 2  1115    1405  E0/359
             B9 H9 K9 M9 L9 V9 S9 N9 Q9 O9 Z9 GL XL
     AY:AA9018  J7 R7 D7 I7 Y7 B7 H7  HEL 2 MAN 1  1600    1700  E0.319        14:45
             K7 M7 L7 V7 S7
  2   AY 042  J9 C9 D9 R9 I9 U9 Y9 /ICN 1 HEL 2  1115    1405  E0/359
             B9 H9 K9 M9 L9 V9 S9 N9 Q9 O9 Z9 GL XL
     AY1365  J9 C9 D9 R9 I9 U9 Y9 /HEL 2 MAN 1  1600    1700  E0/319        14:45
             B9 H9 K9 M9 L9 V9 S9 N9 Q9 O9 Z9 GL XL
  3   OZ 541  J9 C9 D9 Z9 U9 P9 Y9 /ICN 1 FRA 1  1100    1450  E0/388
             B9 M9 H9 E9 Q9 K9 S9 V9 W1 T1 L1 GR
     LH 946  J9 C9 D9 Z9 P8 Y9 B9 /FRA 1 MAN 1  1630    1715  E0/32A        15:15
             M9 U9 H9 Q9 V9 W9 S9 T9 L9 K9
```

▶ 2번 라인의 항공편을 보면 두 개의 항공편이 연결되어 있고, 첫 번째 AY042항공편 정보에는 출발지(ICN)-경유지(HEL)의 공항코드가 표기되고, 두번째 AY1365항공편 정보는 경유지(HEL)-최종 목적지(MAN)가 표기된다.
출발지와 경유지, 경유지와 최종 목적지 사이에는 또 다른 경유지가 존재하지 않으므로 각 라인의 경유지는 0으로 표기된다.
출발지-경유지 구간은 AY042편을, 경유지-최종 목적지 구간은 AY1365편으로 구성되어 있는 것을 확인할 수 있다.

06 특정도시의 현지시간과 날짜 조회

1 도시의 현지시간 및 도시간 시차 조회

DDSIN ⟶ Display
Date
SIN   도시 3자리 코드

```
DDSIN
SIN TIME IS 1440/0240P ON SAT11JUL20
SIN IS 01HRS 00MIN EARLIER
```

▶ 싱가폴의 현지날짜와 시간은 7월 11일 오후 2시 40분이다.
한국과의 시차는 1시간이며 싱가폴이 숫자상으로 1시간 이르다.(한국은 오후 3시 40분)
즉 싱가폴은 오후 2시 40분, 한국은 오후 3시 40분이므로 싱가폴이 1시간 느리다.

DDNYC ⟶ • 미국 뉴욕의 현지날짜와 시간은 7월 11
일 오전 2시 47분이다.
• 한국과의 시차는 13시간으로 뉴욕이 13
시간 느리다.

```
DDNYC
NYC TIME IS 0247/0247A ON SAT11JUL20
NYC IS 13HRS 00MIN EARLIER
```

🖐 참고

뉴욕 7월 11일 2시 47분	• 숫자상으로 2가 15보다 이르다
한국 7월 11일 15시 47분	• 시간상으로는 뉴욕이 13시간 느리다.

2 특정시간 및 도시 지정

DDSEL1300/SYD   →   SEL이 1300시일 때 SYD는?

```
DDSEL1300/SYD
SYD TIME IS 1400/0200P ON SAT11JUL20
SYD IS 01HRS 00MIN LATER
```

▶ 서울이 13시일 때 시드니는 14시로 1시간의 시차가 있고 시드니가 1시간 이르다.

DDTPE1000/AKL

```
DDTPE1000/AKL
AKL TIME IS 1400/0200P ON SAT11JUL20
AKL IS 04HRS 00MIN LATER
```

▶ 대만이 10시일 때 뉴질랜드 오클랜드는 14시로 4시간의 시차가 있으며, 오클랜드가 대만보다 4시간 이르다.

3 달력 조회

GGCAL21DEC   →

Go Go
CALender
21   연도
DEC   월

```
          DECEMBER 2021          EN  19SEP19 1041Z




    SU   MO   TU   WE   TH   FR   SA

                    1    2    3    4
     5    6    7    8    9   10   11
    12   13   14   15   16   17   18
    19   20   21   22   23   24   25
    26   27   28   29   30   31
```

▶ 2021년 12월 달력이 조회되었다.

· 정답 224p

1. 다음의 명칭을 Encode 하여 Code로 쓰시오.

   1) 캐나다 오타와 도시 코드

   2) 스페인 바르셀로나 도시 코드

   3) 독일 베를린의 도시 코드

   4) 미국 시카고 도시의 주 코드

   5) 이집트의 국가코드

2. 일본 오사카의 모든 공항코드를 쓰시오.

3. 다음 물음에 답하시오.

   1) 항공사 번호 코드 125의 항공사 Full Name을 쓰시오.

   2) SK 항공사의 Full Name을 쓰시오.

   3) QANTAS AIRWAYS의 2자리 코드를 쓰시오.

4. 12월 15일 서울 – 밴쿠버, 12월 20일 밴쿠버 – 서울을 AC항공사를 이용하여 M Class로 예약가능편 조회하는 Entry를 쓰시오.

5. 항공사의 운항 요일에 대해 답하시오.

   1) 2월 10일 이후 서울에서 터키 이스탄불을 운항하는 TK021편의 운항 요일을 쓰시오.

   2) 1월 20일 이후 서울에서 네팔의 카트만두를 운항하는 KE695편의 운항요일과 비행시간을 쓰시오.

6. 3월 15일 싱가폴에서 뉴욕까지 운항하는 SQ026편의 경유공항 코드와 지상 조업시간, 총 소요시간을 쓰시오.

7. 다음 예약가능편 조회에 대해 물음에 답하시오.

```
AN10DECSFOSEL
** AMADEUS AVAILABILITY - AN ** SEL SEOUL.KR          152 TH 10DEC 0000
  1UA:OZ6615  C2 D2 Y4 B4 H4 E4 Q4 /SFO I ICN 1  1040  1615+1E0/789   12:35
              K4 S4 V4 L4 W4
  2   UA 893  J9 C9 D9 Z9 P9 Y9 B9 /SFO I ICN 1  1040  1615+1E0/789   12:35
              M9 E9 U9 H9 Q9 V9 W9 S9 T9 L9 K9 G9 N9
  3KE:DL7861  F7 J9 C9 D9 I9 Z9 Y9 /SFO I ICN 2  1130  1730+1E0/77W   13:00
              B9 M9 H9 Q9 K9 L9 U9 T9 X9 V9
  4   KE 024  P7 A3 J9 C9 D1 IL RL /SFO I ICN 2  1130  1730+1E0/77W   13:00
              Z9 Y9 B9 M9 S9 H9 E9 K9 L9 U9 Q9 NL TL GL
  5OZ:UA7290  J9 C9 D9 Z9 P9 Y9 B9 /SFO I ICN 1  2330  0530+2E0/359   13:00
              M9 E9 U9 H9 Q9 V9 W9 S9 T9 L9 K9 G9
  6   KE 026  P7 A3 J9 C9 D8 I6 R1 /SFO I ICN 2  2330  0530+2E0/77W   13:00
              Z4 Y9 B9 M9 S9 H9 E9 K9 L9 U9 Q9 NL TL GL
  7   OZ 211  J9 C9 D9 Z9 U9 P9 Y9 /SFO I ICN 1  2330  0530+2E0/359   13:00
              B9 M9 H9 E9 Q9 K9 S9 V7 WL TL LL GR
```

1) UA893편의 인천공항 도착터미널과 날짜를 쓰시오.

2) 3번 라인의 공동운항편에 대해 설명하시오.

3) KE026편의 인천공항 도착날짜와 비행시간을 쓰시오.

8. 시차에 대해 답하시오.

1) 일본 삿포로의 GMT 기준 시차를 쓰시오.

2) 태국 방콕과 한국의 시차에 대해 설명하시오.

Chapter 03

PNR
작성 필수 항목

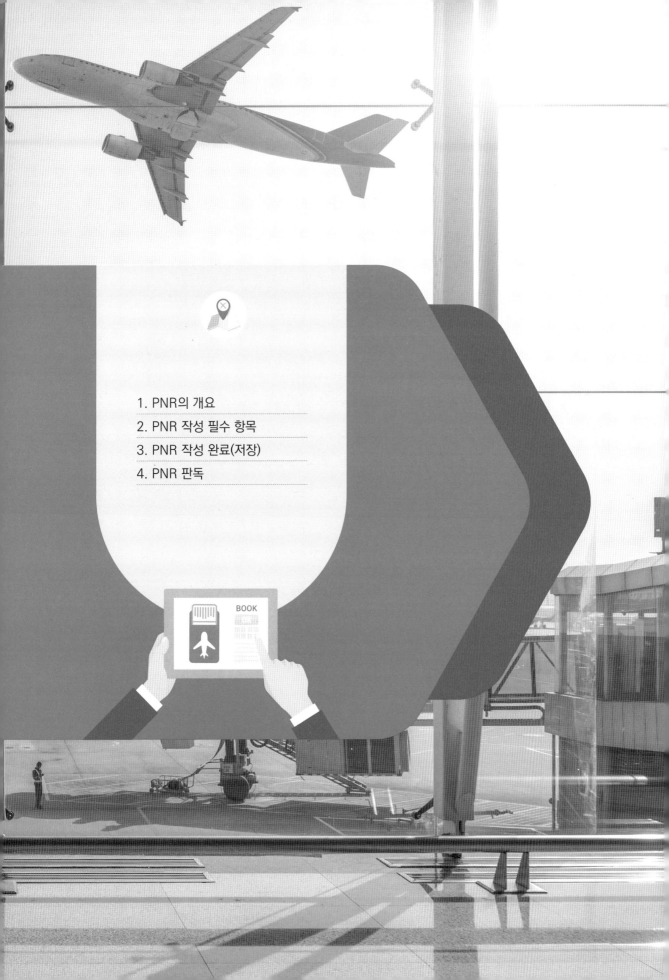

PNR의 개요

1 PNR의 의미

- Passenger Name Record(승객의 예약기록)
- 지정된 여러 요소가 입력되면 승객의 예약기록이 생성되며 예약번호가 부여된다.

2 PNR의 구성요소

- PNR을 완성하기 위해서는 **승객의 영문이름과 Title, 여정, 전화번호** 입력이 필수적이다.
- 이러한 입력 요소 또는 항목을 Element라고 하며 필수요소와 선택요소로 구분된다.

	요소(Element)	설명	Entry
필수 요소	Name	영문이름과 Title	NM1LEE/JUNGHYUK,MR
	Phone	전화번호	AP02-320-7870 GOGO TOUR APM-010-2390-7755
	Itinerary	항공여정 비 항공 운송구간	SSKE643M10JANSELSIN2 SIARNK
	Ticket Arrangement	항공권 발권 예정일 정보 ※ PNR 완성 시 자동반영	TKOK TKTL20SEP
선택 요소	SR	기내식 등의 요청사항	SR DBML
	OS	항공사에 전송하는 고객 정보	OS KE VIP BASEBALL PLAYER
	Remarks	참고, 비고사항	RM BOOKING FEE APPLIED
	Received From	예약작성자, 변경요청자	RFPAX

3 PNR의 특징

- 모든 Element는 순서대로 번호가 생성되어 수정하기 쉽다.
- 이름은 입력한 순서대로 배열된다.
- 여정은 자동으로 정렬되므로 순서조정이 필요 없다.
- 하나의 PNR에는 최대 999개의 Element 입력이 가능하다.
- 마지막 여정의 출발일 이후 3일까지만 조회 가능하다.

02 PNR 작성 필수 항목

1 Name Element(이름)

(1) 이름 입력 시 주의사항

- Full Name을 기재하며 여권에 있는 Spelling을 기준으로 입력한다.
- 외국인/내국인에 관계없이 모두 성(Last Name)을 먼저 입력한다.
- 각 여정 별 요청한 좌석 수와 승객의 이름 수는 반드시 일치해야 한다.
- 유아(Infant)의 이름은 동반하는 성인 보호자와 함께 입력한다.
- 이름 뒤에는 성별 또는 신분에 맞는 적절한 Title을 입력한다.
- 유아와 소아(어린이) 이름을 입력하는 경우는 생년월일을 반드시 입력한다.
  - ▶ 생년월일(DOB : Date Of Birth)은 DDMMMYY 7자리 Data로 입력
    2017년 8월 15일 → 15AUG17
- 하나의 PNR에는 성인 99명까지 이름입력이 가능하다.
  - ▶ 해당 항공사에 전송 오류가 발생할 수 있어 항공사별로 상이(KE는 32명까지 권장)

(2) Title의 종류

성별 기준 Title		신분 기준 Title	
성인 남성	MR	교수(Professor)	PROF
성인 여성(미혼·기혼)	MS	기장·선장(Captain)	CAPT
성인여성(기혼)	MRS	의사(Doctor)	DR
남아(유아·소아)	MSTR	성직자(Reverend)	REV
여아(유아·소아)	MISS	-	-

(3) 승객유형 구분 기준(출발일 기준)

성인(Adult)	만 12세 이상
소아(Child)	만 2세 이상~만 12세 미만
유아(Infant)	만 2세 미만(좌석 비 점유), 최소나이는 항공사별로 상이

(4) 이름 입력 방법

1 성인 승객

ⓐ 기본 형태로 입력

NM1KIM/SUJIN,MS →

NM	이름 기본 지시어
1	승객 수
KIM/SUJIN,MS	성/이름, 타이틀
※ 이름과 타이틀 사이 , 입력필요	

```
>   NM1KIM/SUJIN,MS

RP/SELK1394Z/
   1.KIM/SUJIN MS
```

▶ 1번 승객의 이름이 입력되었다.

ⓑ 2명 이상 동시 입력

NM1KIM/SUHYUN,MR 1KIM/SUHEE,MS

```
>   NM1KIM/SUHYUN,MR 1KIM/SUHEE,MS

RP/SELK1394Z/
   1.KIM/SUHYUN MR    2.KIM/SUHEE MS
```

▶ 1번과 2번 승객의 이름이 입력되었다.

2 소아 승객

NM1LEE/SARANG,MISS(CHD/25JUN17)

```
>   NM1LEE/SARANG,MISS(CHD/25JUN17)

RP/SELK1394Z/
   1.LEE/SARANG MISS(CHD/25JUN17)
```

▶ 괄호 안에 소아의 승객유형인 CHD 코드와 생년월일을 7자리 Data로 입력한다.

3 유아 승객

NM1PARK/SUNHEE,MS(INFHAN/SUHO,MSTR/07NOV22)

```
>NM1PARK/SUNHEE,MS(INFHAN/SUHO,MSTR/07NOV22)
 RP/SELK1394Z/
   1.PARK/SUNHEE MS(INFHAN/SUHO MSTR/07NOV22)
```

▶ 동반 성인 보호자와 함께(유아 승객유형 코드INF성/이름,타이틀/생년월일) 입력되었다.

ⓐ 유아승객 이름만 삭제

1/

1 유아가 있는 승객 번호
/ 유아 이름 삭제 부호

```
RP/SELK1394Z/
   1.PARK/SUNHEE MS(INFHAN/SUHO MSTR/07NOV22)
*TRN*
> 1/

RP/SELK1394Z/
   1.PARK/SUNHEE MS
```

▶ 유아의 이름이 삭제되었다.

ⓑ 유아승객 이름 추가(2번 성인 승객에게 삽입)

2/(INFHAN/SUHO,MSTR/07NOV22)

```
RP/SELK1394Z/
   1.KIM/SUJIN MS    2.NA/MINKUK MR
*TRN*
>2/(INFHAN/SUHO,MSTR/07NOV22)

RP/SELK1394Z/
   1.KIM/SUJIN MS    2.NA/MINKUK MR(INFHAN/SUHO MSTR/07NOV22)
```

▶ 2번의 성인승객에게 유아승객이 추가되었다.

(5) 이름의 수정 및 삭제

- 입력한 이름을 수정하는 것은 PNR 작성 중에만 가능하다.

- PNR이 완성되면 이름 수정이 불가하므로 PNR 작성 시 정확한 영문 이름으로 입력되었는 지 반드시 확인해야 한다.

① PNR 작성 중 이름 수정

NU1/1KIM/SOOJIN,MS	
NU	Name Update
1/	1번승객 /수정부호
1	승객 수 1명
KIM/SOOJIN,MS	변경되는 이름

```
RP/SELK1394Z/
  1.KIM/SUJIN MS    2.NA/MINKUK MR(INFHAN/SOOHO MSTR/07NOV22)
  3.LEE/SARANG MISS(CHD/25JUN17)
*TRN*
>NU1/1KIM/SOOJIN,MS

RP/SELK1394Z/
  1.KIM/SOOJIN MS    2.NA/MINKUK MR(INFHAN/SOOHO MSTR/07NOV22)
  3.LEE/SARANG MISS(CHD/25JUN17)
```

▶ KIM/SUJIN,MS → KIM/SOOJIN,MS으로 변경되었다.

② 소아 생년월일 수정

3/(CHD/20AUG17)	
3/	3번승객 /수정부호
(CHD/20AUG17)	변경되는 생년월일

```
RP/SELK1394Z/
  1.KIM/SOOJIN MS    2.NA/MINKUK MR(INFHAN/SOOHO MSTR/07NOV22)
  3.LEE/SARANG MISS(CHD/25JUN17)
*TRN*
>3/(CHD/20AUG17)

RP/SELK1394Z/
  1.KIM/SOOJIN MS    2.NA/MINKUK MR(INFHAN/SOOHO MSTR/07NOV22)
  3.LEE/SARANG MISS(CHD/20AUG17)
```

3 유아 이름 수정(2번 승객의 유아)

2/(INFHAN/SOOHO,MSTR/07NOV22)

```
RP/SELK1394Z/
  1.KIM/SUJIN MS    2.NA/MINKUK MR(INFHAN/SUHO MSTR/07NOV22)
  3.LEE/SARANG MISS(CHD/20AUG17)
*TRN*
>2/(INFHAN/SOOHO,MSTR/07NOV22)

RP/SELK1394Z/
  1.KIM/SUJIN MS    2.NA/MINKUK MR(INFHAN/SOOHO MSTR/07NOV22)
  3.LEE/SARANG MISS(CHD/20AUG17)
```

▶ 유아의 이름이 HAN/SUHO,MSTR → HAN/SOOHO,MSTR 로 변경되었다.

- 유아 생년월일 11월 19일로 변경한다면 2/(INFHAN/SOOHO,MSTR/19NOV22)로 하면 된다.

4 이름 삭제

XE3

X	Cancel
E	Element
3	3번 승객

```
RP/SELK1394Z/
  1.KIM/SUJIN MS    2.NA/MINKUK MR(INFHAN/SOOHO MSTR/07NOV22)
  3.LEE/SARANG MISS(CHD/20AUG17)
*TRN*
>XE3

RP/SELK1394Z/
  1.KIM/SUJIN MS    2.NA/MINKUK MR(INFHAN/SOOHO MSTR/07NOV22)
```

▶ 3번 소아 승객의 이름이 삭제되었다. 좌석을 점유하는 성인과 소아 승객은 XE Entry 사용

👆 삭제 Entry

XE2	2번 승객 삭제	XE2-4	2번, 3번, 4번 승객 삭제
XE2,4	2번, 4번 승객 삭제	2/	2번 유아 삭제

👆 PNR 작성 시 사용하는 화면 정리 Entry

Entry	설 명
RT	Retrieve 현재까지 PNR 구성요소를 입력한 내용에 대해 정리해서 보여준다.
IG	Ignore 입력한 내용을 저장하지 않고 무시함 새로운 PNR 작성을 하는 경우 기존 내용을 화면에서 무시해야 한다.
IR	Ignore & Retrieve 작업한 내용을 무시하고 동시에 PNR 재 조회

```
RP/SELK1394Z/
   1.PARK/SUNHEE MS    2.KIM/SOOJIN MS
*TRN*

>  IG

IGNORED
```

▶ 2명의 승객이 입력된 기존 작업을 IG 실행하니 IGNORED라는 무시하였다 응답이 나왔다.

```
RP/SELK1394Z/
   1.KIM/SUHYUN MR    2.NA/MINKUK MR
*TRN*

>  DAN OSAKA

DAN OSAKA
A:APT B:BUS C:CITY P:PRT H:HELI O:OFF-PT R:RAIL S:ASSOC TOWN
OSA C  OSAKA                                            /JP
    A  KIX - KANSAI INTERNATIONAL     - 38K             /JP
    A  UKB - KOBE                     - 27K             /JP
    A  ITM - OSAKA INTL (ITAMI)       - 11K             /JP
*TRN*

>  RT

RP/SELK1394Z/
   1.KIM/SUHYUN MR    2.NA/MINKUK MR
```

▶ 2명의 이름 입력 후 도시코드를 Encode 했다. 그리고 RT로 정리하니 2명의 이름이 조회됨

2 Phone Element(전화번호)

- 하나의 PNR에는 2개 이상의 전화번호를 입력할 수 있다.
- 전화번호는 입력순서가 아닌 알파벳 순서대로 보여 진다.

(1) 기본 전화번호 입력

AP 02-790-8890 GOGO TOUR →

AP	Address Phone
02-790-8890	전화번호
GOGO TOUR	여행사 이름

(2) 추가 승객 전화번호 입력

Entry	설 명
APM-010-2300-5660/P1	1번 승객의 휴대폰(Mobile) 번호
APB-031-350-7788/P2	2번 승객의 사무실(Business) 번호
APH-02-250-6655/P3	3번 승객의 집(Home) 번호, 서울 지역번호 02는 생략 가능
APE-BBB@NAVER.COM/P1	1번 승객의 E-mail 주소
APF-02-520-3599/P2	2번 승객의 Fax 번호

```
RP/SELK13900/
 1.KIM/SUHYUN MR   2.NA/MINKUK MR   3.PARK/SUNHEE MS
 4 AP 02-790-8890 GOGO TOUR
 5 APB 031-350-7788/P2
 6 APE BBB@NAVER.COM/P1
 7 APH 02-250-6655/P3
 8 APM 010-2300-5660/P1
```

▶ APM으로 휴대폰 번호를 먼저 입력했으나 알파벳 순서인 APB 전화번호가 먼저 보여 진다.

🖑 AP 항목으로 전화번호 입력 후, 추가로 IATA 표준 전화번호 입력 방법

SR CTCM-821023047788/P1	휴대폰 번호
SR CTCE-BBB//NAVER.COM/P2	E-mail 주소

(3) 전화번호 수정 및 삭제

4/02-890-8890 GOGO TOUR →

4/	4번 전화번호 /수정부호
02-890-8890	변경하고자 하는 전화번호
GOGO TOUR	여행사 이름

```
RP/SELK13900/
  1.KIM/SUHYUN MR    2.NA/MINKUK MR    3.PARK/SUNHEE MS
  4 AP 02-790-8890 GOGO TOUR
  5 APB 031-350-7788/P2
  6 APE BBB@NAVER.COM/P1
  7 APH 02-250-6655/P3
  8 APM 010-2300-5660/P1
*TRN*

> 4/02-890-8890 GOGO TOUR

RP/SELK13900/
  1.KIM/SUHYUN MR    2.NA/MINKUK MR    3.PARK/SUNHEE MS
  4 AP 02-890-8890 GOGO TOUR
  5 APB 031-350-7788/P2
  6 APE BBB@NAVER.COM/P1
  7 APH 02-250-6655/P3
  8 APM 010-2300-5660/P1
```

▶ 4번 Element의 여행사 전화번호가 02-790-8890에서 02-890-8890으로 수정되었다.

🖐 전화번호 수정/삭제 추가 Entry

Entry	설 명
5/031-450-7788	5번 Element의 전화번호 031-450-7788로 수정
6/ABC@NAVER.COM	6번 Element의 메일주소 수정
7/P2	7번 Element의 2번 승객(Passenger) 으로 수정
8/010-3300-5660	8번 Element의 휴대폰 번호 수정
XE5	5번 Element 전화번호 삭제
XE6,8	6번과 8번 Element(비 연속) 전화번호 삭제
XE6-8	6번, 7번, 8번 Element(연속) 전화번호 삭제

```
>  8/010-3300-5660

RP/SELK13900/
  1.KIM/SUHYUN MR    2.NA/MINKUK MR    3.PARK/SUNHEE MS
  4 AP 02-890-8890 GOGO TOUR
  5 APB 031-450-7788/P2
  6 APE BBB@NAVER.COM/P1
  7 APH 02-250-6655/P3
  8 APM 010-3300-5660/P1
```

▶ 8번 Element의 휴대폰 번호가 010-2300-5660에서 010-3300-5660으로 수정되었다.

```
>  7/P2

RP/SELK13900/
  1.KIM/SUHYUN MR    2.NA/MINKUK MR    3.PARK/SUNHEE MS
  4 AP 02-890-8890 GOGO TOUR
  5 APB 031-450-7788/P2
  6 APE BBB@NAVER.COM/P1
  7 APH 02-250-6655/P2
  8 APM 010-3300-5660/P1
```

▶ 7번 Element의 전화번호는 3번 승객에서 2번 승객으로 수정되었다.

```
RP/SELK13900/
  1.KIM/SUHYUN MR    2.NA/MINKUK MR    3.PARK/SUNHEE MS
  4 AP 02-890-8890 GOGO TOUR
  5 APB 031-450-7788/P2
  6 APE BBB@NAVER.COM/P1
  7 APH 02-250-6655/P2
  8 APM 010-3300-5660/P1
*TRN*

>  XE5

RP/SELK13900/
  1.KIM/SUHYUN MR    2.NA/MINKUK MR    3.PARK/SUNHEE MS
  4 AP 02-890-8890 GOGO TOUR
  5 APE BBB@NAVER.COM/P1
  6 APH 02-250-6655/P2
  7 APM 010-3300-5660/P1
```

▶ 5번 Element의 사무실 전화번호가 삭제되었다.

3 Itinerary Element(여정)

(1) 여정의 정의

- 승객이 이용하는 항공편 예약구간, 항공편 이외의 교통수단으로 여행하는 구간, 호텔이나 렌터카의 이용구간을 모두 여정이라고 한다.

1 항공여정(Air Segment)

- 승객이 항공편을 이용하여 출발지점에서 도착지점으로 이동하는 여정

2 비 항공 운송구간(ARNK : Arrival Unknown)

- 항공편 이외의 다른 교통수단(기차, 배)을 이용하는 구간

```
RP/SELK13900/
  1  KE 657 Y 10JAN 7 ICNBKK DK1  0915 1315  10JAN E  0 77W M
     SEE RTSVC
  2  KE 638 Y 20JAN 3 HKTICN DK1  0100 0845  20JAN E  0 333 B
     SEE RTSVC
```

● ICN-BKK 구간 KE 이용, HKT-ICN KE 이용한다.
　BKK-HKT 구간은 항공편을 이용하지 않는 비 항공 운송구간이다.

3 부대여정

- 항공편 예약에 따르는 부수적인 서비스로 호텔, 렌터카 등의 예약을 의미한다.
- 항공여정 없이 부대여정만으로도 PNR 작성이 가능하다.

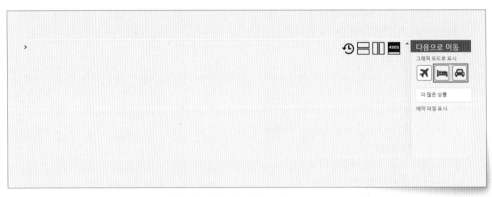

● TOPAS SellConnect 시스템으로 호텔 및 렌터카 예약이 가능하다.

(2) 항공여정 작성

① 예약가능편(Availability) 조회 이용

ⓐ 기본여정 작성

AN10JANSELSIN/AKE ➡ SS2Y3 →

SS	Segment Sell
2	좌석 수
Y	Booking Class
3	예약가능편 조회 라인 번호

```
>AN10JANSELSIN/AKE

AN10JANSELSIN/AKE
** AMADEUS AVAILABILITY - AN ** SIN SINGAPORE.SG          181 SU 10JAN 0000
 1   KE 643   J9 C9 DL IL RL ZL Y9 /ICN 2 SIN 4  1435   2015  E0/773     6:40
             B9 M9 S9 H9 E9 K9 L9 U9 QL NL TL GL
 2   KE 645   PL AL J9 C9 DL IL RL /ICN 2 SIN 4  1835   0010+1E0/77W    6:35
             Z2 Y9 B9 M9 S9 H9 E9 K9 L9 U9 QL NL TL GL
 3   KE 647   J9 C9 D7 I3 RL ZL Y9 /ICN 2 SIN 4  2310   0500+1E0/333    6:50
             B9 M9 S9 H9 E9 K9 L9 U9 Q9 N1 TL GL
```

```
>SS2Y3

RP/SELK1394Z/
  1  KE 647 Y 10JAN 7 ICNSIN DK2  2310 0500  11JAN  E  0 333 M
     SEE RTSVC
```

▶ 3번 라인의 KE647편 Y Class 2좌석의 여정이 작성되었다. 좌석이 있는 경우 DK로 보여 진다.

ⓑ 왕복여정 작성

SS1M2*11 →

SS	Segment Sell
1	좌석 수
M	Booking Class
2*	출발 항공편 라인번호 * 연결
11	리턴 항공편 라인번호

```
>SS1M2*11

RP/SELK1394Z/
  1  KE 645 M 10JAN 7 ICNSIN DK1  1835 0010  11JAN  E  0 77W DR
     SEE RTSVC
  2  KE 646 M 20JAN 3 SINICN DK1  0130 0850  20JAN  E  0 77W B
     SEE RTSVC
```

ⓒ 연결편(Connection Flight) 여정 작성

```
┌─────────────────────┐
│        SS1M1        │ ────────────▶   첫번째, 두번째 구간 동일 Class 예약
└─────────────────────┘
```

```
AN20JANSELSTO/ABA
** AMADEUS AVAILABILITY - AN ** STO STOCKHOLM.SE              191 WE 20JAN 0000
  1   BA 018  J9 C9 D9 R9 I9 W9 E9 /ICN 1 LHR 5  1045     1415   E0/788
              T9 Y9 B9 H9 K9 M9 L9 V9 S9 N9 Q9 O9 G9
      BA 782  J9 C9 D9 R9 I9 Y9 B9 /LHR 5 ARN 2  1540     1920   E0/320       16:35
              H9 K9 M9 L9 V9 N9 O9 Q9 S9 G9
  2   BA 018  J9 C9 D9 R9 I9 W9 E9 /ICN 1 LHR 5  1045     1415   E0/788
              T9 Y9 B9 H9 K9 M9 L9 V9 S9 N9 Q9 O9 G9
      BA 786  J9 C9 D9 R9 I9 Y9 B9 /LHR 5 ARN 2  1855     2230   E0/320       19:45
              H9 K9 M9 L9 V9 N5 O3 Q3 S9 G9
```

```
>SS1M1

RP/SELK1394Z/
  1   BA 018  M 20JAN 3 ICNLHR DK1  1045 1415   20JAN  E  0 788 M
      SEE RTSVC
  2   BA 782  M 20JAN 3 LHRARN DK1  1540 1920   20JAN  E  0 320 G
      SEE RTSVC
```

▶ ICN-LHR 구간, LHR-ARN 구간 모두 M Class로 여정 작성되었다.

```
┌─────────────────────┐
│        SS1BH2       │ ────────────▶   첫번째 구간 B Class
└─────────────────────┘                 두번째 구간 H Class 예약
```

```
>SS1BH2

RP/SELK1394Z/
  1   BA 018  B 20JAN 3 ICNLHR DK1  1045 1415   20JAN  E  0 788 M
      SEE RTSVC
  2   BA 786  H 20JAN 3 LHRARN DK1  1855 2230   20JAN  E  0 320 G
      SEE RTSVC
```

▶ ICN-LHR 구간 B Class, LHR-ARN 구간 H Class로 여정 작성되었다.

2 Direct Segment를 이용한 여정 작성(DSE)

- 예약가능편을 조회하지 않고 항공사, 편수, Class 날짜, 구간을 직접 입력하여 여정 작성

- Long Sell Entry

SSKE901Y20JANSELPAR2

SS	Segment Sell
KE901	항공사/편수
Y	Booking Class
20JANSELPAR	날짜/구간
2	좌석 수

> 구간 입력 시
- 도시코드/공항코드 모두 가능

```
>SSKE901Y20JANSELPAR2

RP/SELK1394Z/
 1   KE 901 Y 20JAN 3 ICNCDG DK2  1400 1830  20JAN  E  0 388 LD
     BLOCKSPACE CODESHARE FLIGHT
     SEE RTSVC
```

▶ 예약하려는 항공편을 알고 있는 경우 직접 Long Sell Entry로 여정작성이 가능하다.

공항코드를 이용해서도 여정 작성 가능

SSKE901Y20JANICNCDG2

```
>SSKE901Y20JANICNCDG2

RP/SELK1394Z/
 1   KE 901 Y 20JAN 3 ICNCDG DK2  1400 1830  20JAN  E  0 388 LD
     BLOCKSPACE CODESHARE FLIGHT
     SEE RTSVC
```

▶ SEL-PAR 구간의 공항 코드인 ICN-CDG를 이용해서 Long Sell Entry로 작성하였다.

③ 대기자(Waitlist) 여정 작성

- 좌석이 없는 경우 대기자로 여정작성 가능하다.

```
AN20JANSELSIN/AKE
** AMADEUS AVAILABILITY - AN ** SIN SINGAPORE.SG            191 WE 20JAN 0000
  1   KE 643  J9 C9 DL IL RL Z9 Y9 /ICN 2 SIN 4  1435    2015  E0/773          6:40
          B9 M9 S9 H9 E9 K9 L9 U9 Q9 NL TL G9
  2   KE 645  PL AL J9 C9 D2 IL RL /ICN 2 SIN 4  1835    0010+1E0/77W         6:35
          Z7 Y9 B9 M9 S9 H9 E9 K9 L9 U9 Q9 N7 T6 G9
  3   KE 647  J9 C9 D3 IL RL Z4 Y9 /ICN 2 SIN 4  2310    0500+1E0/333          6:50
          B9 M9 S9 H9 E9 K9 L9 U9 Q9 N1 TL G9
```

▶ 1번 라인의 KE643편의 R Class가 좌석이 없음을 확인할 수 있다.

ⓐ Short Sell Entry

| SS1R1/PE | ➞ | /PE | Priority Waitlist
대기자 요청 코드 |

```
> SS1R1/PE

RP/SELK13900/
   1  KE 643 R 20JAN 3 ICNSIN DW1  1435 2015  20JAN  E  0 773 LS
      SEE RTSVC
```

▶ DW라는 대기자 코드로 여정 작성되었다. (좌석이 있는 경우는 DK로 여정 작성됨)

ⓑ Long Sell Entry

SSKE643R20JANSELSINPE1

```
> SSKE643R20JANSELSINPE1

RP/SELK13900/
   1  KE 643 R 20JAN 3 ICNSIN DW1  1435 2015  20JAN  E  0 773 LS
      SEE RTSVC
```

👆 다음과 같은 Message가 나오면 /PE Entry를 이용하여 대기자로 여정 작성

```
> SS1R1

  KE 643 R 20JAN 3 ICNSIN NOT AVAILABLE BUT WAITLIST OPEN
AD20JANICNSIN1435
** AMADEUS AVAILABILITY - AD ** SIN SINGAPORE.SG          191 WE 20JAN 1435
 1   KE 643  J9 C9 DL IL RL Z9 Y9 /ICN 2 SIN 4  1435     2015  E0/773      6:40
             B9 M9 S9 H9 E9 K9 L9 U9 Q9 NL TL G9
 20Z:SQ5751  C4 J4 D4 Z4 U4 Y4 B4 /ICN 1 SIN 3  1620     2155  E0/359      6:35
             E4 M4 H4 W4 Q4 N4 K4 V4
 3   OZ 751  C9 D9 Z9 U7 P2 Y9 B9 /ICN 1 SIN 3  1620     2155  E0/359      6:35
             M9 H9 E9 Q9 K9 S9 V9 LL GR
```

```
> SS1R1/PE

RP/SELK13900/
  1  KE 643 R 20JAN 3 ICNSIN DW1  1435 2015  20JAN  E  0 773 LS
     SEE RTSVC
```

4 비 항공 운송구간(ARNK : Arrival Unknown)

- 항공편을 이용하지 않은 구간이 있는 경우에 비 항공 운송구간을 의미하는
ARNK 구간을 작성하여 여정이 연결되도록 맞추어 준다.

SIARNK	→	SI	Segment Information
		ARNK	Arrival Unknown
			비 항공 운송구간

```
RP/SELK1394Z/
  1  KE 657 Y 10JAN 7 ICNBKK DK1  0915 1315  10JAN  E  0 77W M
     SEE RTSVC
  2  KE 638 Y 20JAN 3 HKTICN DK1  0100 0845  20JAN  E  0 333 B
     SEE RTSVC
```

▶ 위의 여정은 BKK에 도착하여 HKT에서 출발한다. 따라서 BKK-HKT 구간이 항공편을 이용하지 않는 비 항공 운송구
간임을 확인할 수 있다.

```
>  SIARNK

RP/SELK1394Z/
   1   KE 657 Y 10JAN 7 ICNBKK DK1  0915 1315   10JAN  E  0 77W M
       SEE RTSVC
   2   ARNK
   3   KE 638 Y 20JAN 3 HKTICN DK1  0100 0845   20JAN  E  0 333 B
       SEE RTSVC
```

▶ 비 항공 운송구간을 SIARNK 로 입력하니 2번 Element에 ARNK가 삽입되었다.

➡ ARNK는 입력하지 않아도 PNR 작성 가능

· ARNK를 입력하지 않고 PNR을 완료하면 다음과 같은 응답 Message가 발생한다.

· WARNING : CHECK SEGMENT CONTINUITY - SEGMENT 2/3
  (경고 : 항공여정 2번과 3번의 연속성을 체크하시오) 라는 응답이 나온다.
  이럴 경우 한번 더 PNR을 완료하는 ER Entry를 실행하면 PNR완성이 가능하다.

· 그러나 이후에 PNR 작업을 할 때마다 해당 Message가 나오므로 ARNK 를 입력하여 여
  정의 연속성을 맞추어 주는 것이 작업하기에 편리하다.

· 여정의 순서는 시스템이 자동 정렬해주므로 순서 조정하지 않아도 된다.

```
RP/SELK1394Z/
   1.KIM/SUHEE MS
   2   KE 657 Y 10JAN 7 ICNBKK DK1  0915 1315   10JAN  E  0 77W M
       SEE RTSVC
   3   KE 638 Y 20JAN 3 HKTICN DK1  0100 0845   20JAN  E  0 333 B
       SEE RTSVC
   4 AP 02-780-8900 GOGO TOUR
   5 APM 010-2300-7755
*TRN*

>  ER

WARNING: CHECK SEGMENT CONTINUITY - SEGMENT 2/3
RESERVATION NUMBER BASED ON PHONE:2300-7755
WARNING: KE REQUIRES TICKET ON OR BEFORE 29JUL:1900/S2-3
```

5 미 확정 구간 예약(Open Segment)

- 승객의 여정 작성에서 날짜나 항공편이 미 확정된 경우는 미확정구간 예약을 통해 여정의 연속성을 맞추어 왕복 여정으로 작성 가능하다.

> **➡ 미 확정 구간 예약 시 주의사항**
>
> - 미확정이 가능한 여정의 요소는 날짜와 항공편만 가능하다.
> - 항공사, Booking Class, 구간은 반드시 확정해야 한다.
> - 반드시 구간은 공항코드로 작성해야 한다.
> - 항공사가 지정된 경우는 항공사가 해당구간을 운항하고 있어야 가능하다.
> - 첫번째 여정의 날짜인 출발일을 기준으로 운임이 결정되기 때문에 첫번째 구간은 반드시 확정을 해야 하고 두번째 구간부터 미 확정 예약이 가능하다.

ⓐ 날짜와 편수 미 확정 구간 예약

SO KE Y CGKICN	SO Segment Open
	KE 항공사
	Y Booking Class
	CGKICN JKTSEL 구간의 공항코드

```
>SOKEYCGKICN
RP/SELK1394Z/
  1   KE 629 Y 10JAN 7 ICNDPS DK1  1740 2355  10JAN  E  0 333 DR
      SEE RTSVC
  2   KEOPEN Y        CGKICN
       ❶        ❷       ❸
```

① 편수 미 확정이므로 OPEN으로 되어 있다.

② 날짜 미 확정이므로 공란으로 되어 있다.

③ KE가 운항하는 JKT-SEL(자카르타, 서울)의 CGK-ICN 공항코드

> ● 공항코드 확인하기
>
> • 미 확정 구간 예약은 반드시 공항코드로 작성해야 하므로 사전에 공항코드 확인이 필요하다.
>
> • Time table을 통해 조회 가능하다.

> TN JKTSEL/AKE

```
TNJKTSEL/AKE
** AMADEUS TIMETABLE - TN ** SEL SEOUL.KR                15JUL20 22JUL20
 1   KE 628  25   CGK 3 ICN 2  2145    0705+1 0 03JUL20 24JUL20 77W  7:20
2GA:KE5628  24   CGK 3 ICN 2  2325    0830+1 0 07JUL20 21JUL20 333  7:05
```

◉ 1번 라인의 스케줄을 통해 KE이 운항하는 JKT의 공항코드는 CGK, SEL의 도착공항 코드는 ICN으로 확인할 수 있다.

ⓑ 편수만 미 확정 구간 예약

> SOKEY20JANPVGICN

```
>SOKEY20JANPVGICN
RP/SELK1394Z/
  1   KE 815 Y 10JAN 7 GMPSHA DK1  1555 1700  10JAN  E  0 772 M
      SEE RTSVC
  2   KEOPEN Y 20JAN 3 PVGICN
```

◉ 2번 Element에 미 확정 구간 예약이 작성되어 있다.

```
TN20JANSHASEL/AKE
** AMADEUS TIMETABLE - TN ** SEL SEOUL.KR                20JAN21 27JAN21
1CZ:KE5808  D   PVG 2 ICN 1  0800    1100   0 25OCT20 27MAR21 320  2:00
 2   KE 896  D   PVG 1 ICN 2  0850    1200   0 26OCT20 27MAR21 772  2:10
 3   KE 894  D   PVG 1 ICN 2  1120    1425   0 25OCT20 27MAR21 333  2:05
 4   KE 898  D   PVG 1 ICN 2  1400    1705   0 25OCT20 27MAR21 333  2:05
```

◉ SHA-SEL 구간의 KE이 운항하는 공항인 PVG-ICN 공항코드를 확인할 수 있다.

4 **Ticket Arrangement Element**(항공권 발권예정일)

- 여행사의 항공권 발권예정일을 입력하는 항목
- PNR 작성의 필수 구성요소이나, PNR 완료 시 자동반영 되므로 별도로 입력할 필요는 없다.

(1) TKOK

- Ticket OK
- 즉시 발권예정 또는 항공권 번호가 있는 경우에 입력
- PNR 작성 시 Ticket Arrangement를 미 입력하는 경우 자동으로 반영된다.

```
>TKOK
RP/SELK1394Z/
  1.KIM/SUHEE MS
  2  KE 651 Y 10JAN 7 ICNBKK DK1  1720 2130   10JAN  E  0 388 D
     SEE RTSVC
  3  KE 654 Y 20JAN 3 BKKICN DK1  0100 0830   20JAN  E  0 77W B
     SEE RTSVC
  4 AP 02-790-7755 GOGO TOUR
  5 APM 010-2300-7799
  6 TK OK15JUL/SELK1394Z
       ❶      ❷        ❸
```

① TKOK
② 예약작성일
③ PNR을 작성한 회사의 Office ID

> ➡ **참고**
> - PNR 완료 시 TKOK로 자동반영 되지만 발권 후 여정 변경하는 경우에 TKOK가 삭제된다.
> - 이러한 경우 "NEED TICKETING ARRANGEMENT FOR SEGMENT 4" 라는 Error Message 발생
> - TKOK를 입력해줘야 이후 작업처리가 가능하다.

(2) TKTL 20DEC/1800

- Ticket Time Limit 날짜/시간
- 12월 20일 18시까지 여행사에서 발권하겠다 라는 의미

```
>  TKTL 20DEC/1800

RP/SELK1394Z/
  1.KIM/SUHEE MS
  2  KE 651 Y 10JAN 7 ICNBKK DK1  1720 2130  10JAN  E  0 388 D
     SEE RTSVC
  3  KE 654 Y 20JAN 3 BKKICN DK1  0100 0830  20JAN  E  0 77W B
     SEE RTSVC
  4 AP 02-790-7755 GOGO TOUR
  5 APM 010-2300-7799
  6 TK TL20DEC/1800/SELK1394Z
```

▶ 6번 Element에 TKTL이 반영되었다.

(3) TKXL 20DEC/1800

- Ticket Cancel(X) Limit
- 12월 20일 18시까지 발권하지 않으면 자동으로 예약 취소

```
>  TKXL 20DEC/1800

RP/SELK1394Z/
  1.KIM/SUHEE MS
  2  KE 651 Y 10JAN 7 ICNBKK DK1  1720 2130  10JAN  E  0 388 D
     SEE RTSVC
  3  KE 654 Y 20JAN 3 BKKICN DK1  0100 0830  20JAN  E  0 77W B
     SEE RTSVC
  4 AP 02-790-7755 GOGO TOUR
  5 APM 010-2300-7799
  6 TK XL20DEC/1800/SELK1394Z
```

▶ 6번 Element에 TKXL이 반영되었다.

PNR 작성 완료(저장)

- PNR 작성을 하면 반드시 저장을 해야 한다.
- 저장되기 이전까지는 작업자의 작업장에만 작업을 하던 PNR은 조회되지만 저장을 마치면 동일한 Office ID에서는 언제든지 조회가 가능하다.
- PNR을 완성하여 저장이 성공적으로 이루어지면 해당 PNR의 저장 위치를 나타내는 PNR Address가 생성된다.

Entry		설 명
ET	End Transaction	완료
ER	End and Retrieve	완료 후 PNR 조회

1 ET(PNR 완료)

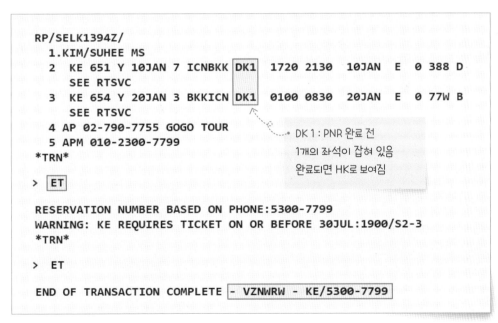

```
RP/SELK1394Z/
  1.KIM/SUHEE MS
  2  KE 651 Y 10JAN 7 ICNBKK DK1  1720 2130  10JAN  E  0 388 D
     SEE RTSVC
  3  KE 654 Y 20JAN 3 BKKICN DK1  0100 0830  20JAN  E  0 77W B
     SEE RTSVC
  4 AP 02-790-7755 GOGO TOUR
  5 APM 010-2300-7799
*TRN*

>  ET

RESERVATION NUMBER BASED ON PHONE:5300-7799
WARNING: KE REQUIRES TICKET ON OR BEFORE 30JUL:1900/S2-3
*TRN*

>  ET

END OF TRANSACTION COMPLETE - VZNWRW - KE/5300-7799
```

DK 1 : PNR 완료 전
1개의 좌석이 잡혀 있음
완료되면 HK로 보여짐

▶ PNR 저장이 성공적으로 이루어지면 PNR Address 가 생성된다.
  PNR Address 는 2가지 형태로 보여 지며 생성된 PNR을 조회할 수 있다.

① VZNWRW : 알파벳 6자리 또는 알파벳 + 숫자 6자리
② 5300-7799 : 숫자 8자리

👆 생성된 PNR Address 조회

```
RT VZNWRW 또는 RT 5300-7799
```

→

RT	Retrieve 조회 기본 Entry
VZNWRW	예약번호
5300-7799	-(하이픈) 부호 생략가능

```
>  RT53007799

--- RLR ---
RP/SELK1394Z/SELK1394Z            AA/SU  15JUL20/1610Z    VZNWRW
5300-7799
  1.KIM/SUHEE MS
  2  KE 651 Y 10JAN 7 ICNBKK HK1  1720 2130  10JAN  E  KE/VZNWRW
  3  KE 654 Y 20JAN 3 BKKICN HK1  0100 0830  20JAN  E  KE/VZNWRW
  4 AP 02-790-7755 GOGO TOUR
  5 APM 010-2300-7799
  6 TK OK15JUL/SELK1394Z
  7 OPW SELK1394Z-29JUL:1900/1C7/KE REQUIRES TICKET ON OR BEFORE
        30JUL:1900/S2-3
  8 OPC SELK1394Z-30JUL:1900/1C8/KE CANCELLATION DUE TO NO
        TICKET/S2-3
```

HK 1 : PNR 완료 후 1개의 좌석이 확정됨

(2) ER(완료 후 해당 PNR 조회)

```
>  ER

RESERVATION NUMBER BASED ON PHONE:6300-7799
WARNING: KE REQUIRES TICKET ON OR BEFORE 30JUL:1900/S2-3
*TRN*
>  ER

--- RLR ---
RP/SELK1394Z/SELK1394Z            AA/SU  15JUL20/1615Z    VZNOMW
6300-7799
  1.KIM/SUHEE MS
  2  KE 651 Y 10JAN 7 ICNBKK HK1  1720 2130  10JAN  E  KE/VZNOMW
  3  KE 654 Y 20JAN 3 BKKICN HK1  0100 0830  20JAN  E  KE/VZNOMW
  4 AP 02-790-7755 GOGO TOUR
  5 APM 010-2300-7799
  6 TK OK15JUL/SELK1394Z
  7 OPW SELK1394Z-29JUL:1900/1C7/KE REQUIRES TICKET ON OR BEFORE
        30JUL:1900/S2-3
  8 OPC SELK1394Z-30JUL:1900/1C8/KE CANCELLATION DUE TO NO
        TICKET/S2-3
```

▶ ER로 완료하니 저장과 동시에 해당 PNR이 조회되었다.

04 PNR 판독

1 작성 완료된 PNR 판독

```
❶ --- RLR ---
❷ RP/SELK1394Z/SELK1394Z        ❸ AA/SU ❹17JUL20/0756Z  ❺WDAAZM
❻ 7766-9088
    1.PARK/JUHO MR    2.PARK/NAEUN MISS(CHD/10DEC15)
    3  KE 645 M 10JAN 7 ICNSIN HK2  1835 0010  11JAN  E  KE/WDAAZM
    4  KE 646 M 20JAN 3 SINICN HK2  0130 0850  20JAN  E  KE/WDAAZM
    5 AP 02-790-7755 GOGO TOUR
    6 APM 010-3766-9088/P1
❼   7 TK OK17JUL/SELK1394Z
❽   8 SSR CHLD KE HK1 10DEC15/P2
❾   9 SSR CHML KE HN1/S3/P2
❿  10 SSR CHML KE HN1/S4/P2
⓫  11 OPW SELK1394Z-30JUL:1900/1C7/KE REQUIRES TICKET ON OR BEFORE
          31JUL:1900/S3-4
⓬  12 OPC SELK1394Z-31JUL:1900/1C8/KE CANCELLATION DUE TO NO
          TICKET/S3-4
```

① RLR(Record Locator Return) : 예약번호가 정확하게 생성됨을 의미

② RP/SELK1394Z : Responsible/Office ID

③ AA/SU : Agent Sign(예약작성 직원코드)/Supervisor(관리자)

④ 17JUL20/0756Z : PNR작성 또는 최종 업데이트한 날짜/시간(Z : GMT 기준시간, 한국
   +9시간)

⑤ WDAAZM : 예약번호(Record Locator = PNR Address)

⑥ 7766-9088 : TSC예약번호 = KE 예약번호와 동일

⑦ Ticket Arrangement(TKOK : 예약완료 시 자동반영, 17JUL : 최초 예약한 날짜)

⑧ 어린이 승객 생년월일

⑨ ICN-SIN 구간의 어린이 기내식

⑩ SIN-ICN 구간의 어린이 기내식

⑪ OPW(Optional Warning Element) : 항공사 발권시한 하루 전 경고 메시지

⑫ OPC(Optional Cancellation Element) : 항공사의 발권시한(7월31일 19시까지 발권해야 함)

> • 일부항공사는 SSR ADTK 항목으로 항공사의 발권시한 통보

2 Office ID(OID)

- TOPAS SellConnect을 사용하는 회사의 코드

```
--- RLR ---
RP/SELK1394Z/SELK1394Z               AA/SU  15JUL20/1620Z    VZ0077
4766-9088
 1.PARK/JUHO MR   2.PARK/NAEUN MISS(CHD/10DEC15)
 3  KE 645 M 10JAN 7 ICNSIN HK2  1835 0010  11JAN E  KE/VZ0077
 4  KE 646 M 20JAN 3 SINICN HK2  0130 0850  20JAN E  KE/VZ0077
 5 AP 02-790-7755 GOGO TOUR
 6 APM 010-3766-9088/P1
 7 TK OK15JUL/SELK1394Z
 8 SSR CHLD KE HK1 10DEC15/P2
 9 SSR CHML KE HN1/S3/P2
10 SSR CHML KE HN1/S4/P2
11 OPW SELK1394Z-29JUL:1900/1C7/KE REQUIRES TICKET ON OR BEFORE
       30JUL:1900/S3-4
12 OPC SELK1394Z-30JUL:1900/1C8/KE CANCELLATION DUE TO NO
       TICKET/S3-4
```

코 드	설 명
① SEL	Office가 위치한 도시코드
② K1	TOPAS Sell Connect 2자리 코드
③ 3	여행사(1 : 항공사)
④ 94Z	해당 기업 코드(기업별 3자리 코드 상이)

👆 Office ID 구분해 보기

PUSKE1305		KWJK13900	
PUS		KWJ	
KE		K1	
1		3	
305		900	

3 Single PNR

- Amadeus(1A) GDS의 가입사이며 해당시스템을 사용하는 항공사이면 TOPAS SellConnect의 예약번호와 동일하다. 동일한 시스템에서 업무가 처리되므로 Irregular가 발생하지 않는다.
- 이러한 항공사를 SUA(System User Airline)라고 한다.

(1) 1A SUA(System User Airline) 조회

GGPCAAF	→	GG Go Go
		PCA Participating Carrier Access
		AF 조회 항공사 코드

```
>  GGPCAAF

PARTICIPATING CARRIER ACCESS AND FUNCTION LEVEL
AF  -  AIR FRANCE

                                  ALTEA RESERVATION :  YES
         ACCESS INDICATOR :  /    RECORD LOCATOR RETURN :  ALL
    LAST SEAT AVAIL INDIC :  /    CARRIER PREFERRED DISP :  A/L
         STANDARD ACCESS :       BOOKING RANGE IN DAYS :  361
    AMADEUS ACCESS SELL :  YES    INTERACTIVE SEAT MAP :  YES
    DYNAMIC SCHEDULE UPD :  YES       INTERACTIVE ASR :  YES
    NUMERIC AVAIL UPDATE :  YES        ASR DAYS/HOURS :  361/00
   AMADEUS DYNAMIC AVAIL :  YES    BP ISSUE DAYS/HOURS :  000/03
```

▶ 우측 상단에 ALTEA RESERVATION 항목에 YES 로 표기되어 있는 경우 SUA 항공사이다.

```
--- RLR ---
RP/SELK1394Z/SELK1394Z        AA/SU  16JUL20/0616Z   W5PYRJ       TSC PNR
5766-9088
  1.KIM/SUHEE MS
  2  AF 267 Y 10JAN 7 ICNCDG HK1  0955 1420  10JAN  E  AF/W5PYRJ
  3  AF 264 Y 20JAN 3 CDGICN HK1  1310 0810  21JAN  E  AF/W5PYRJ
  4 AP 02-790-7755 GOGO TOUR
  5 APM 010-3766-9088                               항공사 PNR
  6 TK OK16JUL/SELK1394Z
```

▶ AF는 SUA항공사이므로 TSC(TOPAS SellConnect) PNR과 AF PNR이 동일 → Single PNR임

(2) PCA(Participating Carrier Access) 조회

- Amadeus(1A) GDS의 가입사이나 Amadeus 시스템이 아닌 다른 시스템을 사용하는 항공사
- TSC PNR과 해당 항공사의 예약번호가 다르다.

> GGPCACA

```
> GGPCACA

PARTICIPATING CARRIER ACCESS AND FUNCTION LEVEL
CA  -  AIR CHINA

                                      ALTEA RESERVATION :
           ACCESS INDICATOR :  .     RECORD LOCATOR RETURN :  ALL
   LAST SEAT AVAIL INDIC :  /        CARRIER PREFERRED DISP :  A/L
          STANDARD ACCESS :          BOOKING RANGE IN DAYS :  361
      AMADEUS ACCESS SELL :  YES     INTERACTIVE SEAT MAP :  YES
     DYNAMIC SCHEDULE UPD :          INTERACTIVE ASR :  YES
     NUMERIC AVAIL UPDATE :  YES     ASR DAYS/HOURS :  362/02
    AMADEUS DYNAMIC AVAIL :  YES     BP ISSUE DAYS/HOURS :  000/00
```

▶ 우측 상단에 ALTEA RESERVATION 항목에 Blank인 경우 PCA 항공사이다.

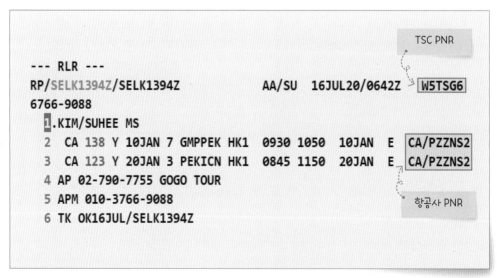

TSC PNR

```
--- RLR ---
RP/SELK1394Z/SELK1394Z          AA/SU  16JUL20/0642Z   W5TSG6
6766-9088
  1.KIM/SUHEE MS
  2  CA 138 Y 10JAN 7 GMPPEK HK1  0930 1050  10JAN  E  CA/PZZNS2
  3  CA 123 Y 20JAN 3 PEKICN HK1  0845 1150  20JAN  E  CA/PZZNS2
  4 AP 02-790-7755 GOGO TOUR
  5 APM 010-3766-9088
  6 TK OK16JUL/SELK1394Z
```

항공사 PNR

▶ CA는 SUA항공사가 아닌 PCA 항공사이므로 TSC PNR과 항공사 PNR이 상이하다.
  TSC PNR은 W5TSG6 또는 6766-9088 이며 항공사 PNR은 PZZNS2 이다.

PNR 작성 실습 1

실습 1)	Entry
1. 승객이름 　1) 본인　　2) NOH/SEOJUN MR	
2. 여정 　11/23 서울/마닐라(MANILA.PH) KE621 M CLASS 　1/19 마닐라/서울 KE624 M CLASS	
3. 전화번호 　1) 전화번호 1588-2001 KE 　2) 본인 사무실 번호 031-340-7866 　3) 노서준 휴대폰 번호 010-2760-4507	
4. 전화번호 수정 　1) 본인 사무실 번호 031-550-7866으로 수정	
5. 완료 　≫ PNR ADDRESS	

실습 2)	Entry
1. 승객이름 　1) 본인　　2) CHA/JONGSEOK MR	
2. 여정 　4/16 서울/하노이(HANOI) KE455 B CLASS 　6/25 하노이/서울 KE456 B CLASS	
3. 전화번호 　1) 전화번호 02-750-8600 HAHA TOUR 　2) 본인 핸드폰 번호 　3) 차종석 집 번호 032-386-7853	
4. 완료 　≫ PNR ADDRESS	
5. 항공사의 발권시한을 쓰시오.	

PNR 작성 실습 2

실습 1)	Entry

1. 승객이름
 	
  1) 본인   2) SIN/HEUNGMIN MR
  3) LEE/KANGSAN(남아, 2016, 9, 23)	

2. 여정
 	
  1/19 서울/홍콩(HONGKONG) CX411 B CLASS
  3/24 홍콩/서울 CX410 B CLASS	

3. 전화번호
 	
  1) 여행사 전화번호 753-8500 TOPAS TOUR
  2) 본인 핸드폰 번호
  3) 신흥민 핸드폰번호 010-3210-5980	

4. 완료 » PNR ADDRESS	

실습 2)	Entry

1. 승객이름
 	
  1) 본인   2) NA/WOOBIN MR
  3) LEE/MINA(여아, 2022, 3, 15, 보호자 나우빈)
  4) SEO/JONGSEOK(남아, 2017, 10, 17)	

2. 여정
 	
  2/11 서울/파리(PARIS) AF267 Y CLASS
  4/29 파리/서울 AF264 Y CLASS	

3. 전화번호
 	
  1) 여행사 전화번호 031-230-8390 LALA TOUR
  2) 본인 핸드폰 번호
  3) 나우빈 핸드폰번호 010-3210-5980	

4. 완료 » PNR ADDRESS	
5. 유아승객만 취소하시오.	

PNR 작성 실습 3

실습 1)	Entry
1. 승객 1) 본인 2) KIM/HYUNJUN(남아, 2023, 6, 13, 보호자 본인) 3) PARK/DAEHO(남아, 2018, 11, 27) 2. 여정 1/19 서울/헬싱키(HELSINKI) AY042 H CLASS 4/21 헬싱키 /서울 AY041 H CLASS 3. 전화번호 1) 여행사 032-300-5000 MOMO TOUR 2) 본인 핸드폰번호 3) 본인 사무실 번호 032-570-3470 ≫ PNR ADDRESS	

실습 2)	Entry
1. 승객 1) 본인 2) HEO/SOOK MS 3) LIM/SINYOUNG(여아, 2023, 5, 29, 보호자 허숙) 4) EUN/YOUNGMI(여아, 2019, 9, 12) 2. 여정 2/16 서울/방콕(BANGKOK) TG657 B CLASS 5/23 방콕/서울 TG656 B CLASS 3. 전화번호 1) 02-530-4750 LALA TOUR 2) 본인 핸드폰번호 3) 허숙 핸드폰 번호 010-8230-7833 ≫ PNR ADDRESS	

OPEN PNR 작성 실습

실습 1)	Entry
1. 승객이름 1) 본인　　2) PARK/SAEROM MR	
2. 여정 4/17 서울/베이징(BEIJING) KE855 M CLASS 베이징/서울 KE M CLASS ≫ OPEN 예약 시 반드시 공항코드로 작성	
3. 전화번호 1) 1588-2001 KE 2) 박새롬 핸드폰 번호 010-2210-3200	
4. 완료 ≫ PNR ADDRESS	

실습 2)	Entry
1. 승객이름 1) 본인　　2) HAN/JUHO MR 3) HAN/NAEUN(여아, 2015 ,5, 23)	
2. 여정 11/15 서울/파리 KE901 B CLASS 영국 런던/서울 KE B CLASS(날짜, 편수 미확정)	
3. 전화번호 1) 여행사 031-746-8900 GAJA TOUR 2) 본인 집 번호 032-777-5555 3) 한주호 핸드폰번호 010-3965-7217	
4. 완료 ≫ PNR ADDRESS	

✎ Memo

Chapter 04

PNR
작성 선택 항목

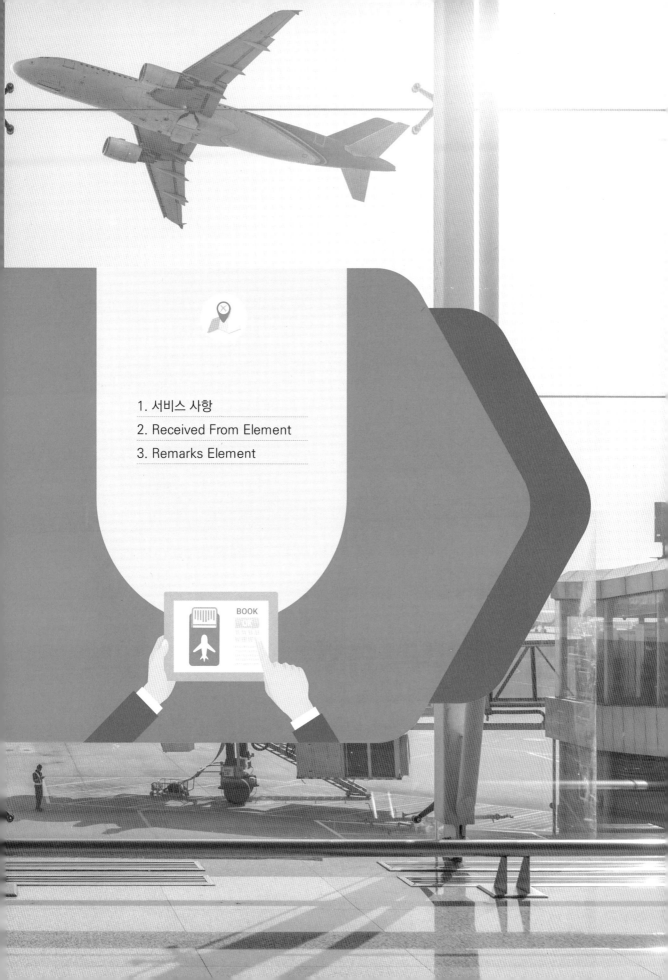

1 OSI(Other Service Information)

- 해당 항공사의 VIP 승객으로 LG Group의 CEO이다.
- 승객과 관련된 정보를 정해진 형식으로 항공사에 전달하면 항공사에서는 자체적인 절차를 통해 준비하게 된다.
- 항공사로부터 별도의 응답을 받을 필요가 없는 경우 PNR에 OSI 사항으로 반영된다.
- OSI 사항은 OS Entry로 입력한다.

OS KE VIP LG GROUP CEO/P1 →

OS	Other Service
KE	예약 항공사 코드
VIP LG GROUP	승객정보
/P1	승객번호

```
> OS KE VIP LG GROUP CEO/P1

--- RLR ---
RP/SELK1394Z/SELK1394Z            AA/SU  16JUL20/1513Z   W8EE6T
2866-7055
  1.KOO/BONSEUNG MR    2.AN/HYEKYUNG MS
  3  KE 485 M 15DEC 2 ICNDAD HK2  1110 1415  15DEC  E  KE/W8EE6T
  4  KE 486 M 25DEC 5 DADICN HK2  1610 2230  25DEC  E  KE/W8EE6T
  5 AP 02-777-9007 GOGO TOUR
  6 APM 010-2866-7055/P1
  7 TK OK16JUL/SELK1394Z
  8 OSI KE VIP LG GROUP CEO/P1
  9 OPW SELK1394Z-30JUL:1900/1C7/KE REQUIRES TICKET ON OR BEFORE
        31JUL:1900/S3-4
 10 OPC SELK1394Z-31JUL:1900/1C8/KE CANCELLATION DUE TO NO
        TICKET/S3-4
```

▶ 8번 Element에 OSI 사항이 반영되었다.

- 삭제 : XE8   수정 : 8/OS KE CHINA AMBASSADOR

2 SSR(Special Service Request)

- 승객의 요청사항이 탑승하는 모든 항공사가 준비를 필요로 하므로 예약자는 정해진 형식으로 입력하고 추후 항공사로부터 반드시 응답을 받아야 한다.
- 항공사 사정으로 항공편의 스케줄이 변경되거나 취소된 경우에도 SSR사항에 반영된다.
- SR로 입력하고 SSR로 PNR에 반영된다.

(1) SSR 사항 반영 사례

- 승객은 당뇨가 있어 당뇨식을 요청함
- 승객은 10세로 성인 보호자 없이 혼자 항공편을 이용함(비 동반 소아)
- 승객은 다리가 불편하여 휠체어를 요청함

◐ 이러한 승객의 요청 사항을 입력하고 탑승하는 모든 항공사에서 정확하게 준비했는지에 대한 응답을 받아서 승객에게 정보를 제공해줘야 한다.

(2) SSR 응답의 형태

응답 구분	PNR에 반영되는 응답 코드
OK 응답	HK, KK
대기 응답	HN(Holding Need)
불가응답	UC(Unable Confirm), UN(Unable), NO

```
--- RLR ---
RP/SELK1394Z/SELK1394Z             AA/SU  16JUL20/1608Z   W8LRW8
2780-6688
 1.PARK/JUHO MR   2.PARK/NAEUN MISS(CHD/15MAR16)
 3  KE 657 Y 10JAN 7 ICNBKK HK2  0915 1315  10JAN  E  KE/W8LRW8
 4 AP 02-780-6688 GOGO TOUR
 5 TK OK16JUL/SELK1394Z
 6 SSR CHLD KE HK1 15MAR16/P2
 7 SSR DBML KE HK1/S3/P1
 8 SSR CHML KE HN1/S3/P2
```

◐ 7번에 1개의 당뇨식 OK 응답과 8번에 1개의 어린이식 대기 응답을 항공사로부터 받았다.

(3) SSR 사항에 반영되는 Keyword

- IATA에서는 승객이 항공사에 요청하는 사항을 구분하여 코드로 만들어 표준화해서 모든 항공사들이 공통적으로 사용하고 있다. 이러한 코드를 Keyword라고 한다.

1 Keyword

- IATA : 모든 항공사 사용
- KE : KE만 사용

No	IATA / KE	Code	설 명
1	IATA	AVIH	Animal in Hold
2	IATA	BBML	Baby Meal
3	IATA	BLML	Bland Meal
4	IATA	BLND	Blind Passenger
5	IATA	BSCT	Bassinet / Baby Basket
6	IATA	CBBG	Cabin Baggage
7	IATA	CHLD	Child
8	IATA	CHML	Child Meal
9	IATA	DBML	Diabetic Meal
10	IATA	EXST	Extra Seat
11	IATA	FMLY	Family Care Service
12	KE	FQTV	Frequent Traveler Mileage Program
13	IATA	GFML	Gluten Intolerant Meal
14	IATA	GRPF	Group Fare Data
15	IATA	GRPS	Passenger Travelling Together
16	IATA	HNML	Hindu Meal
17	IATA	INFT	Infant Indicator Keyword
18	IATA	KSML	Kosher Meal
19	IATA	LCML	Low Calorie Meal
20	IATA	LFML	Low Fat Meal
21	IATA	LSML	Low Salt Meal
22	IATA	MEDA	Medical Care
23	IATA	MOML	Muslim Meal
24	KE	NOCM	No Child / Baby Meal
25	KE	NOSM	No Special Meal

No	IATA / KE	Code	설 명
26	IATA	PETC	Animal in Cabin
27	IATA	PSPT	Passport Information
28	IATA	SFML	Sea Food Meal
29	IATA	SPML	Special Meal, Specify Food
30	IATA	STCR	Stretcher Passenger
31	IATA	TWOV	Transit / Transfer Without Visa
32	IATA	UMNR	Unaccompanied Minor
33	KE	UPGD	Upgrade AUTH
34	IATA	VGML	Vegetarian Vegan Meal
35	IATA	WCBD	Wheelchair Dry Cell Battery
36	IATA	WCBW	Wheelchair Wet Cell Battery
37	IATA	WCHC	Wheelchair Cabin Seat
38	IATA	WCHR	Wheelchair Ramp
39	IATA	WCHS	Wheelchair Steps
40	IATA	XBAG	Excess Baggage AUTH

2 Meal Code 정보

No	Code	설 명	No	Code	설 명
1	B	Breakfast	8	M	Meal
2	C	Alcoholic Beverages Complimentary	9	N	No Meal Service
3	D	Dinner	10	O	Cold Meal
4	F	Food for Purchase	11	P	Alcoholic Beverages Purchase
5	H	Hot Meal	12	R	Refreshment
6	K	Continental Breakfast	13	S	Snack or Brunch
7	L	Lunch	14	Y	Duty Free Sales Available

```
RP/SELK1394Z/
  1 KE 907 Y 10JAN 7 ICNLHR DK1  1300 1630  10JAN  E  0 77W DL
    SEE RTSVC
  2 KE 908 Y 20JAN 3 LHRICN DK1  1850 1450  21JAN  E  0 77W BD
    SEE RTSVC
```

● 여정 작성시 보여 지며 KE907편은Dinner/Lunch제공, KE908편은 Breakfast/Dinner가 제공

3 Keyword 조회

> HE SSR ➡ GPSR4

```
AVML   VEGETARIAN HINDU MEAL
BBML   BABY MEAL
BIKE   BICYCLE IN HOLD, SPECIFY NUMBER (SEE BELOW)
BLML   BLAND MEAL
BLND   BLIND, SPECIFY WHETHER OR NOT ACCOMPANIED BY GUIDE DOG
BSCT   BASSINET/CARRYCOT/BABY BASKET
```

▶ BLND는 시각장애인이다. 알파벳 순으로 조회된다.
  BSCT는 아기침대 또는 아기 바구니이다.

4 Meal Code만 조회

> HE MEAL ➡ MS22 또는 MD

```
MEAL CODES IN SSR
-----------------

 CODE    MEAL DESCRIPTION
 ----    ----------------
 AVML    VEGETARIAN HINDU MEAL
 BBML    BABY MEAL
 BLML    BLAND MEAL
 CHML    CHILD MEAL
 CNML    CHICKEN MEAL (LY SPECIFIC)
 DBML    DIABETIC MEAL
```

▶ BBML은 유아식이다.
  CNML은 LY항공사만 요청 가능하다.
  DBML은 당뇨식이다.

(4) SSR 입력

1 전 승객과 전 여정에 요청

- 승객번호와 여정번호 미 지정하면 전승객과 전 여정으로 요청된다.

SR	Service Request
LFML	Low Fat Meal

```
>  SR LFML

--- RLR ---
RP/SELK1394Z/SELK1394Z              AA/SU   17JUL20/0356Z    WBZTDK
2600-8899
  1.LEE/DAEHAN MR    2.PARK/MANSE MR
  3   KE 645 M 10JAN 7 ICNSIN HK2  1835 0010   11JAN  E  KE/WBZTDK
  4   KE 646 M 20JAN 3 SINICN HK2  0130 0850   20JAN  E  KE/WBZTDK
  5 AP 02-780-9966 GOGO TOUR
  6 TK OK17JUL/SELK1394Z
  7 SSR LFML KE HK2/S3/P1-2
  8 SSR LFML KE HK2/S4/P1-2
```

▶ 전 승객 P1-2, 전 여정 Segment 3-4에 각각 2개의 저지방식이 요청되어 OK응답을 받았다.

2 1번 승객, 전 여정에 요청

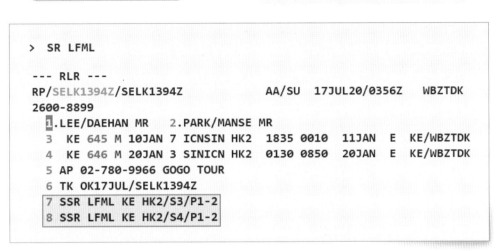

SR	Service Request
LFML	Low Fat Meal
/P1	Slash Passenger 1

```
>  SR LFML/P1

--- RLR ---
RP/SELK1394Z/SELK1394Z              AA/SU   17JUL20/0356Z    WBZTDK
2600-8899
  1.LEE/DAEHAN MR    2.PARK/MANSE MR
  3   KE 645 M 10JAN 7 ICNSIN HK2  1835 0010   11JAN  E  KE/WBZTDK
  4   KE 646 M 20JAN 3 SINICN HK2  0130 0850   20JAN  E  KE/WBZTDK
  5 AP 02-780-9966 GOGO TOUR
  6 TK OK17JUL/SELK1394Z
  7 SSR LFML KE HK1/S3/P1
  8 SSR LFML KE HK1/S4/P1
```

▶ 1번 승객 P1의 전 여정 S3-4에 저지방식이 요청되어 KE로부터 OK 응답을 받았다.

3 2번 승객의 3번 여정에 요청

```
 SR LFML/P2/S3          ➜    SR      Service Request
                             LFML    Low Fat Meal
                             /P2     Slash Passenger 2
                             /S3     Slash Segment 3
```

```
>  SR LFML/P2/S3

--- RLR ---
RP/SELK1394Z/SELK1394Z              AA/SU  17JUL20/0356Z   WBZTDK
2600-8899
  1.LEE/DAEHAN MR    2.PARK/MANSE MR
  3  KE 645 M 10JAN 7 ICNSIN HK2  1835 0010   11JAN  E  KE/WBZTDK
  4  KE 646 M 20JAN 3 SINICN HK2  0130 0850   20JAN  E  KE/WBZTDK
  5 AP 02-780-9966 GOGO TOUR
  6 TK OK17JUL/SELK1394Z
  7 SSR LFML KE HK1/S3/P2
```

◉ 2번 승객의 3번 여정에 1개의 저지방식이 요청되었고 KE로부터 OK 응답을 받았다.

4 KE의 특별기내식을 일부여정만 요청하는 경우

- 특별기내식을 요청하지 않는 여정에 대해 NOSM(No Special Meal) 반드시 입력해야 한다.
- 위 PNR에서 2번 승객의 3번 여정만 저지방식을 요청하고 4번 여정은 요청하지 않았다.

```
>  ER

NEED SPECIAL MEAL FOR/S4/P2
```

◉ ER로 완료하면 2번 승객의 4번 여정에 특별기내식이 필요하다 라는 응답이 나오며 완료 되지 않는다.
  4번 여정에 특별기내식을 요청하지 않겠다 라는 NOSM 입력 필요하다.

```
>  SR NOSM/P2/S4

--- RLR ---
RP/SELK1394Z/SELK1394Z              AA/SU  17JUL20/0706Z   WBZTDK
2600-8899
RF
  1.LEE/DAEHAN MR    2.PARK/MANSE MR
  3  KE 645 M 10JAN 7 ICNSIN HK2  1835 0010   11JAN  E  KE/WBZTDK
  4  KE 646 M 20JAN 3 SINICN HK2  0130 0850   20JAN  E  KE/WBZTDK
  5 AP 02-780-9966 GOGO TOUR
  6 TK OK17JUL/SELK1394Z
  7 SSR LFML KE HK1/S3/P2
  8 SSR NOSM KE HK1/S4/P2
```

5 유아식 요청(동반 보호자에게 요청)

SR BBML/P2 →

SR	Service Request
BBML	유아식 코드
/P2	Slash 동반 보호자 번호

```
> SR BBML/P2

--- RLR ---
RP/SELK1394Z/SELK1394Z            AA/SU  17JUL20/0356Z   WBZTDK
2600-8899
  1.LEE/DAEHAN MR    2.PARK/MANSE MR(INFJO/MINKUK MSTR/30JUN20)
  3  KE 645 M 10JAN 7 ICNSIN HK2  1835 0010  11JAN  E  KE/WBZTDK
  4  KE 646 M 20JAN 3 SINICN HK2  0130 0850  20JAN  E  KE/WBZTDK
  5 AP 02-780-9966 GOGO TOUR
  6 TK OK17JUL/SELK1394Z
  7 SSR INFT KE HK1 JO/MINKUKMSTR 30JUN20/S3/P2
  8 SSR INFT KE HK1 JO/MINKUKMSTR 30JUN20/S4/P2
  9 SSR BBML KE HK1/S3/P2
 10 SSR BBML KE HK1/S4/P2
```

6 어린이식(소아식) 요청

SR CHML/P2 →

SR	Service Request
CHML	어린이식 코드
/P2	Slash 어린이 승객 번호

```
> SR CHML/P2

RP/SELK1394Z/
  1.LEE/DAEHAN MR    2.KIM/MINKUK MSTR(CHD/23SEP15)
  3  KE 645 M 10JAN 7 ICNSIN DK2  1835 0010  11JAN  E  0 77W DR
     SEE RTSVC
  4  KE 646 M 20JAN 3 SINICN DK2  0130 0850  20JAN  E  0 77W B
     SEE RTSVC
  5 AP 02-780-9966 GOGO TOUR
  6 SSR CHLD KE HK1 23SEP15/P2
  7 SSR CHML KE HN1/S3/P2
  8 SSR CHML KE HN1/S4/P2
```

● KE로부터 1개의 어린이식에 대해 대기 응답(HN)을 받았다. 이 후 확인이 필요하다.

ⓐ KE 예약인 경우 반드시 어린이식과 유아식을 요청해야 PNR 작성 가능

```
RP/SELK1394Z/
  1.LEE/DAEHAN MR    2.KIM/HANKUK MSTR(CHD/23SEP15)
  3  KE 645 M 10JAN 7 ICNSIN DK2  1835 0010  11JAN  E  0 77W DR
     SEE RTSVC
  4  KE 646 M 20JAN 3 SINICN DK2  0130 0850  20JAN  E  0 77W B
     SEE RTSVC
  5 AP 02-780-9966 GOGO TOUR
  6 SSR CHLD KE HK1 23SEP15/P2
*TRN*

> ER

RESERVATION NUMBER BASED ON PHONE:2780-9966
NEED CHILD/INFANT MEAL
WARNING: KE REQUIRES TICKET ON OR BEFORE 31JUL:1900/S3-4
```

▶ 입력하지 않으면 NEED CHILD/INFANT MEAL이라는 Message가 보여지고 완료되지 않는다.

ⓑ KE 예약인 경우 어린이식을 일부여정만 요청하면 미 요청 여정에 NOCM을 입력해야 한다.

```
--- RLR ---
RP/SELK1394Z/SELK1394Z              AA/SU  17JUL20/0445Z   WCC8II
3780-9966
  1.LEE/DAEHAN MR    2.KIM/MINKUK MSTR(CHD/23SEP15)
  3  KE 645 M 10JAN 7 ICNSIN HK2  1835 0010  11JAN  E  KE/WCC8II
  4  KE 646 M 20JAN 3 SINICN HK2  0130 0850  20JAN  E  KE/WCC8II
  5 AP 02-780-9966 GOGO TOUR
  6 TK OK17JUL/SELK1394Z
  7 SSR CHLD KE HK1 23SEP15/P2
  8 SSR CHML KE HN1/S3/P2
```

▶ 8번 Element에 3번 여정에만 어린이식이 요청되어 있다. 4번 여정에 어린이식을 요청하지 않으려면 NOCM(No Child Meal)을 다음과 같은 Entry로 반드시 입력해야 한다.

SR NOCM/P2/S4

ⓒ KE에서 제공되는 어린이식

구 분	영 문	한 글
	HAMBURGER	햄버거
Hot Meal	SPAGHETTI	스파게티
	FRIED RICE/EGG	오므라이스
	PORK CUTLET	돈가스
Hot Meal 해외 출발편에서 제공	PIZZA	피자
	HOT DOG	핫도그
Cold Meal	SANDWICH	샌드위치
	SEAWEED ROLL	김밥

> SR CHML-SPAGHETTI/P2/S3
>
> SR CHML-PIZZA/P2/S4

→ 여정(Segment) 별 선호 어린이식
지정해서 입력 가능

```
>  SR CHML-PIZZA/P2/S4

--- RLR ---
RP/SELK1394Z/SELK1394Z              AA/SU  17JUL20/0445Z   WCC8II
3780-9966
  1.LEE/DAEHAN MR   2.KIM/MINKUK MSTR(CHD/23SEP15)
  3  KE 645 M 10JAN 7 ICNSIN HK2  1835 0010  11JAN  E  KE/WCC8II
  4  KE 646 M 20JAN 3 SINICN HK2  0130 0850  20JAN  E  KE/WCC8II
  5 AP 02-780-9966 GOGO TOUR
  6 TK OK17JUL/SELK1394Z
  7 SSR CHLD KE HK1 23SEP15/P2
  8 SSR CHML KE HN1 SPAGHETTI/S3/P2
  9 SSR CHML KE HN1 PIZZA/S4/P2
```

▶ 각각의 여정별로 스파게티와 피자가 요청되었고 대기 응답을 받았다.

🖐 장거리 노선의 항공편에서 기내식 2회 제공하는 경우의 입력 Entry

SR CHML-1 HAMBURGER/2 SANDWICH/P2/S3

7 MASK를 이용한 KE 기내식 입력

🔍 기내식 입력할 PNR 조회

➡ 중앙 상단 MASK

➡ 예약

➡ KE 특별 기내식 조회/입력

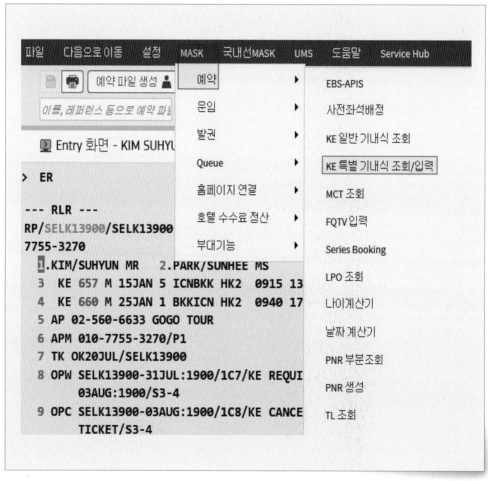

● 아래와 같이 팝업 창이 뜨면 승객과 여정번호 체크하여 특별기내식을 선택하여 전송한다.

KE 특별 기내식 조회 및 입력

승객정보

	승객	성/이름 Title	승객유형	생년월일	할인코드
☑	1	KIM/SUHYUN MR	ADT		
☐	2	PARK/SUNHEE MS	ADT		

여정정보

	여정	편명	CLS	출발일	출/도착지	출/도착시간	좌석수
⦿	3	KE 657	M	15JAN	ICN-BKK	0915 1315	HK2
○	4	KE 660	M	25JAN	BKK-ICN	0940 1720	HK2

Request Special Meal

Meal Type	식사 조절식(Medical meal) ⌄	DBML - Diabetic meal ⌄

Meal Info

o Daily allowance of calorie, protein, fat, and sugar are carefully calculated and prepared with proper balance between each meal. Limited amount of saturated fat is used in food preparation. Low fat dairy products, whole grain breads and cereals are available depending on flights

o 열량, 단백질, 지방, 당질의 섭취량을 조절하는 동시에 식사 시간에 따른 식사량의 배분, 포화지방산의 섭취 제한 등을 고려한 식사 조절식

☐ 유/소아 특별 기내식 신청하지 않음

⦿ NOCM (for Infant/Child)   ⦿ NOSM (for Adult)

Details

전송   Clear

KE 특별 기내식 조회 및 입력

승객정보

	승객	성/이름 Title	승객유형	생년월일	할인코드
☑	1	KIM/SUHYUN MR	ADT		
☐	2	PARK/SUNHEE MS	ADT		

여정정보

	여정	편명	CLS	출발일	출/도착지	출/도착시간	좌석수
○	3	KE 657	M	15JAN	ICN-BKK	0915 1315	HK2
◉	4	KE 660	M	25JAN	BKK-ICN	0940 1720	HK2

Request Special Meal

Meal Type	야채식(Vegetarian meal) ⌄	VGML - Vegetarian vegan meal ⌄

Meal Info	o Neither meat, poultry, fish of any kind, product with lard and gelatin, nor diary products and eggs are used. Main ingredients are grains, fruit, vegetables and vegetable oil o 계란 및 유제품 포함하지 않는 엄격한 서양식 채식

☐ 유/소아 특별 기내식 신청하지 않음

◉ NOCM (for Infant/Child)   ○ NOSM (for Adult)

Details [   ]

[전송] [Clear]

```
              ┌─────────────────────────┐
              │           RT            │
              └─────────────────────────┘

   >  RT

   --- RLR ---
   RP/SELK13900/SELK13900              AA/SU   23JUL20/1234Z    WVKICH
   7755-3270
     1.KIM/SUHYUN MR    2.PARK/SUNHEE MS
     3  KE 657 M 15JAN 5 ICNBKK HK2   0915 1315   15JAN  E  KE/WVKICH
     4  KE 660 M 25JAN 1 BKKICN HK2   0940 1720   25JAN  E  KE/WVKICH
     5 AP 02-560-6633 GOGO TOUR
     6 APM 010-7755-3270/P1
     7 TK OK20JUL/SELK13900
     8 SSR DBML KE HK1/S3/P1
     9 SSR VGML KE HK1/S4/P1
    10 OPW SELK13900-31JUL:1900/1C7/KE REQUIRES TICKET ON OR BEFORE
            03AUG:1900/S3-4
    11 OPC SELK13900-03AUG:1900/1C8/KE CANCELLATION DUE TO NO
            TICKET/S3-4
```

◉ 전송 후 RT로 조회하면 다음과 같이 8번 Element에 반영되어 있다.

```
              ┌─────────────────────────┐
              │           ER            │
              └─────────────────────────┘

   >  ER

   --- RLR ---
   RP/SELK13900/SELK13900              AA/SU   24JUL20/0610Z    WVKICH
   7755-3270
     1.KIM/SUHYUN MR    2.PARK/SUNHEE MS
     3  KE 657 M 15JAN 5 ICNBKK HK2   0915 1315   15JAN  E  KE/WVKICH
     4  KE 660 M 25JAN 1 BKKICN HK2   0940 1720   25JAN  E  KE/WVKICH
     5 AP 02-560-6633 GOGO TOUR
     6 APM 010-7755-3270/P1
     7 TK OK20JUL/SELK13900
     8 SSR DBML KE HK1/S3/P1
     9 SSR VGML KE HK1/S4/P1
    10 OPW SELK13900-31JUL:1900/1C7/KE REQUIRES TICKET ON OR BEFORE
            03AUG:1900/S3-4
    11 OPC SELK13900-03AUG:1900/1C8/KE CANCELLATION DUE TO NO
            TICKET/S3-4
```

3 APIS

(1) APIS

- Advanced Passenger Information System(사전 입국 심사)
- 해당 항공편을 이용하는 모든 승객의 여권정보를 PNR에 입력하면 해당 항공사에서 입국하는 국가의 관련 기관에 승객의 여권정보를 사전 통보하여 해당 국가에 도착했을 때 해당 편의 승객이 신속하게 입국심사를 받을 수 있는 제도이다.
- DOCS(Document Passport) : 여권정보

(2) EBS APIS

- Enhanced Border Advanced Passenger Information System
- 강화된 APIS 규정으로 도착도시가 미국인 경우 승객의 여권정보와 미국내 첫번째 도착지의 주소정보를 입력해야 한다.
- DOCA(Document Address) : 주소정보

(3) APIS 입력

SR DOCS-P-KR-B12345678-KR-20DEC93-M-15SEP27-KIM-SUHYUN/P1 ➡ ER

Entry	설 명
SR DOCS	APIS 입력 기본 Entry
P	여권 Type Code(Passport : 일반 여권)
KR	여권발행국 국가코드
B12345678	여권번호
KR	국적의 국가코드
20DEC93	생년월일
M	성별(M : Male F : Female)
15SEP27	여권만료일
KIM-SUHYUN/P1	이름/승객번호

```
>  SR DOCS-P-KR-B12345678-KR-20DEC93-M-15SEP27-KIM-SUHYUN/P1

--- RLR ---
RP/SELK13900/SELK13900            AA/SU  20JUL20/0048Z    WVKICH
7755-3270
  1.KIM/SUHYUN MR    2.PARK/SUNHEE MS
  3  KE 657 M 15JAN 5 ICNBKK HK2  0915 1315   15JAN  E  KE/WVKICH
  4  KE 660 M 25JAN 1 BKKICN HK2  0940 1720   25JAN  E  KE/WVKICH
  5 AP 02-560-6633 GOGO TOUR
  6 APM 010-7755-3270/P1
  7 TK OK20JUL/SELK13900
  8 SSR DBML KE HK1/S3/P1
  9 SSR DOCS KE HK1 P/KR/B12345678/KR/20DEC93/M/15SEP27/KIM/SUHY
    UN/P1
 10 OPW SELK13900-31JUL:1900/1C7/KE REQUIRES TICKET ON OR BEFORE
       03AUG:1900/S3-4
 11 OPC SELK13900-03AUG:1900/1C8/KE CANCELLATION DUE TO NO
       TICKET/S3-4
```

◐ 9번 Element에 DOCS가 반영되었다.
　잘못 입력한 경우는 XE9 로 삭제 후 재입력할 수 있다.

(4) 추가 APIS 입력 Entry

구분	Entry	설 명
DOCS	SR DOCS-P-KR-B12345678-KR-20DEC93-M-15SEP27 -KIM-SUHYUN/P1	여권정보
	SR DOCS-P-KR--KR-20DEC93-M--KIM-SUHYUN/P1	여권번호 모르는 경우
INF DOCS	SR DOCS-P-KR-C11112222-KR-25JUN20-FI-15SEP27 -KIM-YUA/P1	유아 여권정보
DOCA	SR DOCA KE HK1-D-USA-200 HILTON HOTEL-NEW YORK-NY-10001/P1/S3	미국 첫번째 도착도시 주소정보

(5) MASK로 APIS 입력

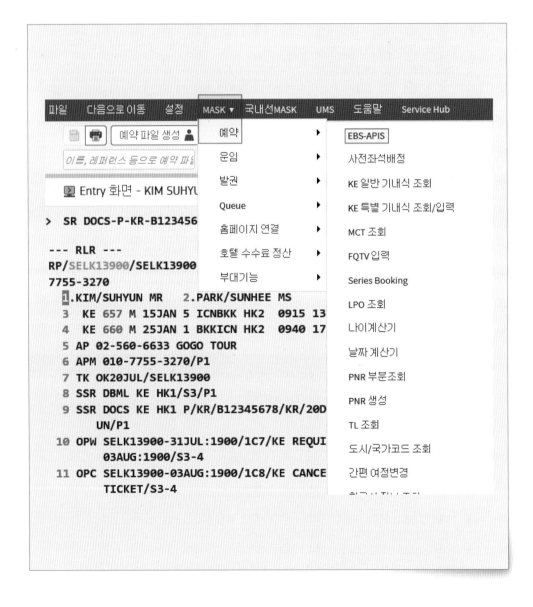

🔍 APIS 입력할PNR 조회

➡ 중앙 상단 MASK

➡ 예약

➡ EBS-APIS

| 파일 | 다음으로 이동 | 설정 | MASK ▼ | 국내선MASK | UMS | 도움말 | Service Hub |

예약	▶	EBS-APIS
운임	▶	사전좌석배정
발권	▶	KE 일반 기내식 조회
Queue	▶	KE 특별 기내식 조회/입력
홈페이지 연결	▶	MCT 조회
호텔 수수료 정산	▶	FQTV 입력
부대기능	▶	Series Booking

예약 파일 생성 👤

이름, 레퍼런스 등으로 예약 파일

👤 Entry 화면 - KIM SUHYU

```
> SR DOCS-P-KR-B123456

--- RLR ---
RP/SELK13900/SELK13900
7755-3270
  1.KIM/SUHYUN MR    2.PARK/SUNHEE  MS
  3   KE 657 M 15JAN 5 ICNBKK HK2  0915 13
  4   KE 660 M 25JAN 1 BKKICN HK2  0940 17
  5 AP 02-560-6633 GOGO TOUR
  6 APM 010-7755-3270/P1
  7 TK OK20JUL/SELK13900
  8 SSR DBML KE HK1/S3/P1
  9 SSR DOCS KE HK1 P/KR/B12345678/KR/20D
       UN/P1
 10 OPW SELK13900-31JUL:1900/1C7/KE REQUI
        03AUG:1900/S3-4
 11 OPC SELK13900-03AUG:1900/1C8/KE CANCE
        TICKET/S3-4
```

LPO 조회

나이계산기

날짜 계산기

PNR 부분조회

PNR 생성

TL 조회

도시/국가코드 조회

간편 여정변경

EBS APIS

EBS APIS	SU ENDS 전송	최신 국가코드

미국 사전 입국심사 정보

ⓘ 유아(Not occupying seat) 승객번호는 유아와 연결된 성인번호로 입력 요망
ⓘ 생년월일/유효기간은 DDMMMYY 입력 요망(예:12JUL08)
ⓘ 1A 가입항공사가 포함된 PNR은 반드시 모든 항목을 입력하여 주시기 바랍니다.

[전송결과보기]

[PNR 조회]　　Ⓟ 여권 유효기간 확인　◯ 확인안함　◯ 90일　⦿ 180일 직접입력 ∨　[유효기간체크] [전체 실행] [전체 불러오기]

여권정보(DOCS)　　☐FOID

✓	PAX	TYPE	여권발행국	여권변호	국적	생년월일	성별	여권유효기간	확인 필요	성	이름	유아동반	FOID
	1	PASSPORT∨	KR(한국) ∨	B12345678	KR(한국) ∨	20DEC93	M ∨	15SEP27	☐	KIM	SUHYUN	☐	☐	⌃
✓	2	PASSPORT∨	KR(한국) ∨	C22223333	KR(한국) ∨	15MAR95	F ∨	20JAN28	☐	PARK	SUNHEE	☐	☐	

2번 승객에 체크 후 여권정보
입력 → 실행 클릭

⌄

[VO 고객연동] [기존입력 DATA 찾기] [기존 입력 전체 DATA] [국적 일괄등록] [DOCS 일괄 등록]　　[저장] [실행] [불러오기] [지우기]

목적지/거주지 정보 (미국내 첫번째 주소)

☐	PAX	Seg변호	목적지/거주지	체류국가	주소(Street) - Optional	도시	주코드	우편번호	유아
☐			D(Destination) ∨	US(미국) ∨					☐
☐			D(Destination) ∨	US(미국) ∨					☐

[실행] [불러오기] [지우기]

◑ 여권정보를 입력한 후 실행을 클릭하면 해당 PNR에 전송된다.

```
HOST RESPONSE

>SR DOCS-P/KR/C22223333/KR/15MAR95/F/20JAN28/PARK/SUNHEE/P2
--- RLR ---
RP/SELK13900/SELK13900              AA/SU   23JUL20/1234Z    WVKICH
7755-3270
   1.KIM/SUHYUN MR    2.PARK/SUNHEE MS
   3   KE 657 M 15JAN 5 ICNBKK HK2   0915 1315   15JAN   E   KE/WVKICH
   4   KE 660 M 25JAN 1 BKKICN HK2   0940 1720   25JAN   E   KE/WVKICH
   5 AP 02-560-6633 GOGO TOUR
   6 APM 010-7755-3270/P1
   7 TK OK20JUL/SELK13900
   8 SSR DOCS KE HK1 P/KR/B12345678/KR/20DEC93/M/15SEP27/KIM/SUHY
        UN/P1
   9 SSR DOCS KE HK1 P/KR/C22223333/KR/15MAR95/F/20JAN28/PARK/SUN
        HEE/P2
   10 OPW SELK13900-31JUL:1900/1C7/KE REQUIRES TICKET ON OR BEFORE
        03AUG:1900/S3-4
   11 OPC SELK13900-03AUG:1900/1C8/KE CANCELLATION DUE TO NO
        TICKET/S3-4
*TRN*
>

PNR 조회
RP/SELK13900/SELK13900              AA/SU   23JUL20/1234Z    WVKICH
RTN,G
7755-3270
   1.KIM/SUHYUN MR    2.PARK/SUNHEE MS
   8 SSR DOCS KE HK1 P/KR/B12345678/KR/20DEC93/M/15SEP27/KIM/SUHY
        UN/P1
   9 SSR DOCS KE HK1 P/KR/C22223333/KR/15MAR95/F/20JAN28/PARK/SUN
        HEE/P2
```

◉ 실행을 클릭하면 DOCS 정보가 반영되어 있는 팝업창이 뜬다.

```
>  RT

--- RLR ---
RP/SELK13900/SELK13900              AA/SU   23JUL20/1234Z    WVKICH
7755-3270
   1.KIM/SUHYUN MR    2.PARK/SUNHEE MS
   3   KE 657 M 15JAN 5 ICNBKK HK2   0915 1315   15JAN   E   KE/WVKICH
   4   KE 660 M 25JAN 1 BKKICN HK2   0940 1720   25JAN   E   KE/WVKICH
   5 AP 02-560-6633 GOGO TOUR
   6 APM 010-7755-3270/P1
   7 TK OK20JUL/SELK13900
   8 SSR DOCS KE HK1 P/KR/B12345678/KR/20DEC93/M/15SEP27/KIM/SUHY
        UN/P1
   9 SSR DOCS KE HK1 P/KR/C22223333/KR/15MAR95/F/20JAN28/PARK/SUN
        HEE/P2
```

◉ 해당 PNR의 9번 Element에 MASK를 통한 2번 승객의 DOCS정보가 반영되어 있다.

(6) EBS APIS MASK 입력

- 목적지가 미국인 경우 DOCS(여권정보) + DOCA(주소정보) 를 모두 입력해야 한다.

```
--- RLR SFP ---
RP/SELK1394Z/SELK1394Z          AA/SU  24JUL20/0537Z   JR8GIY
2300-7530
  1.LEE/DAEHAN MR
  2  KE 081 M 10JAN 7 ICNJFK HK1  1000 1000   10JAN  E  KE/JR8GIY
  3  KE 082 M 20JAN 3 JFKICN HK1  1200 1625   21JAN  E  KE/JR8GIY
  4 AP 02-340-8900 GOGO TOUR
  5 APM 010-2300-7530
  6 TK OK24JUL/SELK1394Z
  7 OPW SELK1394Z-06AUG:1900/1C7/KE REQUIRES TICKET ON OR BEFORE
         07AUG:1900/S2-3
  8 OPC SELK1394Z-07AUG:1900/1C8/KE CANCELLATION DUE TO NO
         TICKET/S2-3
```

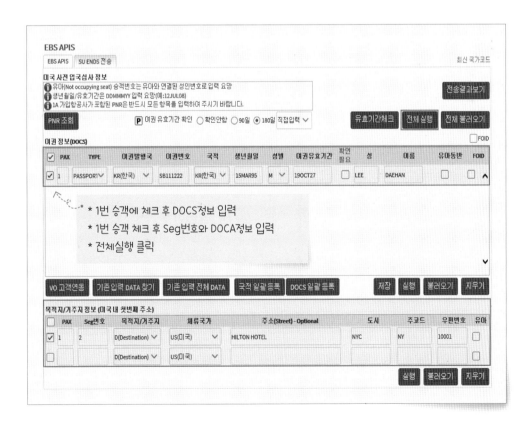

```
HOST RESPONSE
>SR DOCS-P/KR/SB111222/KR/15MAR95/M/19OCT27/LEE/DAEHAN/P1
--- RLR SFP ---
RP/SELK1394Z/SELK1394Z              AA/SU  24JUL20/0537Z   JR8GIY
2300-7530
   1.LEE/DAEHAN MR
   2  KE 081 M 10JAN 7 ICNJFK HK1  1000 1000   10JAN E  KE/JR8GIY
   3  KE 082 M 20JAN 3 JFKICN HK1  1200 1625   21JAN E  KE/JR8GIY
   4 AP 02-340-8900 GOGO TOUR
   5 APM 010-2300-7530
   6 TK OK24JUL/SELK1394Z
   7 SSR DOCS KE HK1 P/KR/SB111222/KR/15MAR95/M/19OCT27/LEE/DAEHA
       N
   8 OPW SELK1394Z-06AUG:1900/1C7/KE REQUIRES TICKET ON OR BEFORE
       07AUG:1900/S2-3
   9 OPC SELK1394Z-07AUG:1900/1C8/KE CANCELLATION DUE TO NO
       TICKET/S2-3
*TRN*
>

PNR 조회
RP/SELK1394Z/SELK1394Z              AA/SU  24JUL20/0537Z   JR8GIY
RTN,G
2300-7530
   1.LEE/DAEHAN MR
   7 SSR DOCS KE HK1 P/KR/SB111222/KR/15MAR95/M/19OCT27/LEE/DAEHA
       N
*TRN*
>
>SR DOCA-D/US/HILTON HOTEL /NYC/NY/10001/P1/S2
--- RLR SFP ---
RP/SELK1394Z/SELK1394Z              AA/SU  24JUL20/0537Z   JR8GIY
2300-7530
   1.LEE/DAEHAN MR
   2  KE 081 M 10JAN 7 ICNJFK HK1  1000 1000   10JAN E  KE/JR8GIY
   3  KE 082 M 20JAN 3 JFKICN HK1  1200 1625   21JAN E  KE/JR8GIY
   4 AP 02-340-8900 GOGO TOUR
   5 APM 010-2300-7530
   6 TK OK24JUL/SELK1394Z
   7 SSR DOCS KE HK1 P/KR/SB111222/KR/15MAR95/M/19OCT27/LEE/DAEHA
       N
   8 SSR DOCA KE HK1 D/US/HILTON HOTEL /NYC/NY/10001/S2
```

```
--- RLR SFP ---
RP/SELK1394Z/SELK1394Z              AA/SU  24JUL20/0537Z    JR8GIY
2300-7530
   1.LEE/DAEHAN MR
   2  KE 081 M 10JAN 7 ICNJFK HK1  1000 1000   10JAN E  KE/JR8GIY
   3  KE 082 M 20JAN 3 JFKICN HK1  1200 1625   21JAN E  KE/JR8GIY
   4 AP 02-340-8900 GOGO TOUR
   5 APM 010-2300-7530
   6 TK OK24JUL/SELK1394Z
   7 SSR DOCS KE HK1 P/KR/SB111222/KR/15MAR95/M/19OCT27/LEE/DAEHA
       N
   8 SSR DOCA KE HK1 D/US/HILTON HOTEL /NYC/NY/10001/S2
```

▶ 7번 Element에 DOCS정보, 8번 Element에 DOCA 정보가 반영되었다. ER로 저장한다.

02 Received From Element

- 예약 요청자나 예약변경, 취소 요청자를 입력하는 선택 구성요소이다.
- Option 사항으로 입력하지 않아도 PNR 작성은 가능하지만 필요시 입력 가능하다.
- 예약자는 승객으로부터 예약변경 또는 취소 요청을 받았을 때 요청자를 확인하여 입력하면 추후에 근거로 제시할 수 있다.

Entry	설 명
RF P	Received From Passenger
RF PAX	승객 본인이 예약변경 또는 취소를 요청한 경우
RF KIM MINKUK MR	승객 본인이 아닌 타인이 요청할 때는 요청자의 이름 기재

```
                                              RF              Received From
     RF KIM MINKUK MR          →             KIM MINKUK MR   요청자 이름
                                             ※ 성과 이름 사이의 / 없음
```

```
    --- RLR ---
    RP/SELK1394Z/SELK1394Z              AA/SU  17JUL20/1016Z    WDYEXE
    4780-9966
    RF KIM MINKUK MR
    1.LEE/DAEHAN MR    2.PARK/MANSE MR
    3  KE 645 M 10JAN 7 ICNSIN HK2   1835 0010   11JAN  E  KE/WDYEXE
    4  KE 646 M 20JAN 3 SINICN HK2   0130 0850   20JAN  E  KE/WDYEXE
    5 AP 02-780-9966 GOGO TOUR
    6 TK OK17JUL/SELK1394Z
    7 OPW SELK1394Z-30JUL:1900/1C7/KE REQUIRES TICKET ON OR BEFORE
           31JUL:1900/S3-4
    8 OPC SELK1394Z-31JUL:1900/1C8/KE CANCELLATION DUE TO NO
           TICKET/S3-4
```

▶ 좌측 상단에 Received From Element가 생성되었다.

```
    >RH001

    RP/SELK1394Z/SELK1394Z              AA/SU  17JUL20/1017Z    WDYEXE
        001 RF-KIM MINKUK MR CR-SELK1394Z 00039911 SU 1351AA 17JUL10
           17Z
```

▶ 김민국씨에게 요청 받은 날짜와 시간 확인가능 17JUL 1017Z(Z : GMT시간 +9 : 19시17분)

Remarks Element

- 예약 재확인 또는 승객에게 필요한 정보를 전달한 경우 사용하는 항목
- 해당 PNR에 관련된 모든 내용을 기록하여 PNR 관리직원들이 참고하여 업무 처리 가능

1 Remarks 구분

구분	영 문	설 명
RM	General Remark	· PNR 조회가 가능한 모든 여행사에서 확인 가능 · RM만 한글 입력 가능 · Entry : RM PAX NEEDS A VISA/S3
RC	Confidential Remark	· PNR을 작성한 여행사에서만 확인과 수정 가능 · Entry : RC BOOKING FEE APPLIED
RX	Corporate Remark	· 여행사의 본사와 각 지사에서 모두 확인 가능 · Entry : RX VIP PAX

```
   1.LEE/DAEHAN MR   2.PARK/MANSE MR
   3  KE 121 B 10JAN 7 ICNSYD DK2  1845 0655  11JAN E  0 388 BD
      ISSUE ETAS VISA OR CHECK ETAS VISA VALIDITY
      SEE RTSVC
   4  KE 122 B 20JAN 3 SYDICN DK2  0900 1750  20JAN E  0 388 LM
```

▶ PNR 작성 중 3번 여정에 비자발급 필요하며 비자의 유효기간을 체크해야 한다는 정보 확인

RM PAX NEED A VISA/S3	→	RM PAX NEED A VISA/S3	General Remark Free Text/Segment 3

```
>RM PAX NEED A VISA/S3

--- RLR ---
RP/SELK1394Z/SELK1394Z            AA/SU  17JUL20/1142Z   WEEFMB
5780-9966
  1.LEE/DAEHAN MR   2.PARK/MANSE MR
  3  KE 121 B 10JAN 7 ICNSYD HK2  1845 0655  11JAN E  KE/WEEFMB
  4  KE 122 B 20JAN 3 SYDICN HK2  0900 1750  20JAN E  KE/WEEFMB
  5 AP 02-780-9966 GOGO TOUR
  6 TK OK17JUL/SELK1394Z
  7 OPW SELK1394Z-30JUL:1900/1C7/KE REQUIRES TICKET ON OR BEFORE
       31JUL:1900/S3-4
  8 OPC SELK1394Z-31JUL:1900/1C8/KE CANCELLATION DUE TO NO
       TICKET/S3-4
  9 RM PAX NEED A VISA/S3
```

PNR 작성 실습/SR 1

조건	Entry
1. 승객 　1) 본인　　　2) LEE/SEJONG MR	
2. 여정 　2/16 서울/시드니(SYDNEY) KE401 Y CLASS 　4/26 시드니 /서울　KE402 Y CLASS	
3. 전화번호 　1) 여행사 02-746-8900 GAJA TOUR 　2) 본인 집 번호 032-730-5235 　3) 이세종 핸드폰번호 010-3965-7217	
4. 요청사항 　1) 본인 당뇨식 전 여정 신청 　2) 이세종 서울 출발구간 해산물식 신청 　3) 이세종 리턴 구간 저지방식 신청	
5. 완료 　≫ PNR ADDRESS	

PNR 작성 실습/SR 2

조건	Entry
1. 승객 　1) 본인 　2) JUNG/SUJI(여아, 2023, 2, 13, 보호자 본인) 　3) BAE/SEUNGKI(남아, 2017, 11, 27)	
2. 여정 　1/15 서울/자카르타(JAKARTA) KE627 M CLASS 　3/22 자카르타/서울 KE628 M CLASS	
3. 전화번호 　1) 여행사 031-320-5355 MOMO TOUR 　2) 본인 핸드폰번호	
4. 요청사항 　1) 본인 서울 출발구간 저자극식 신청 　2) 본인 리턴 구간 저염식 　3) 전 여정 유아식 신청 　4) 전 여정 아기바구니 신청 　5) 서울 출발구간 어린이식 HAMBURGER 신청 　6) 리턴 구간 어린이식 PIZZA 신청	
5. 완료 　≫ PNR ADDRESS	

PNR 작성 실습/SR 3

조건	Entry
1. 승객 　1) 본인 　2) HEO/JAESEOK MR 　3) KONG/JIHYO(여아, 2023, 6, 21, 보호자 허재석) 　4) MA/JONGKUK(남아, 2019, 10, 26)	
2. 여정 　12/15 서울/싱가폴(SINGAPORE) KE645 B CLASS 　3/17 싱가폴/서울 KE646 B CLASS	
3. 전화번호 　1) 02-755-5866 GOGO TOUR 　2) 본인 핸드폰 입력 　3) 허재석 핸드폰 번호 010-2390-7857	
4. 요청사항 　1) 본인 전 여정 저자극식 신청 　2) 허재석 전 여정 저열량식 신청 　3) 전 여정 유아식 신청 　4) 전 여정 아기바구니 신청 　5) 서울 출발구간 어린이식 PORK CUTLET 　6) 리턴 구간 어린이식 신청 안함	
5. 완료 　≫ PNR ADDRESS	

PNR 작성 실습/SR 4

조건	Entry

1. 승객
  1) 본인
  2) KANG/DAEBAK(남아, 2017, 10, 13)	

2. 여정
  12/12 서울/파리(PARIS) KE901 H CLASS
  3/19 파리/서울 KE902 H CLASS	

3. 전화번호
  1) 1588-2001 KE
  2) 본인 핸드폰 입력	

4. 요청사항
  1) 본인 서울 출발구간 채식 신청
  2) 본인 리턴 구간 저염식 신청
  3) 서울 출발구간 어린이식 SANDWICH 신청
  4) 리턴 구간 어린이식 HOT DOG 신청	

5. 완료 ≫ PNR ADDRESS	

PNR 작성 선택 항목

✎ Memo

Chapter 05

PNR 수정,
취소 및 조회

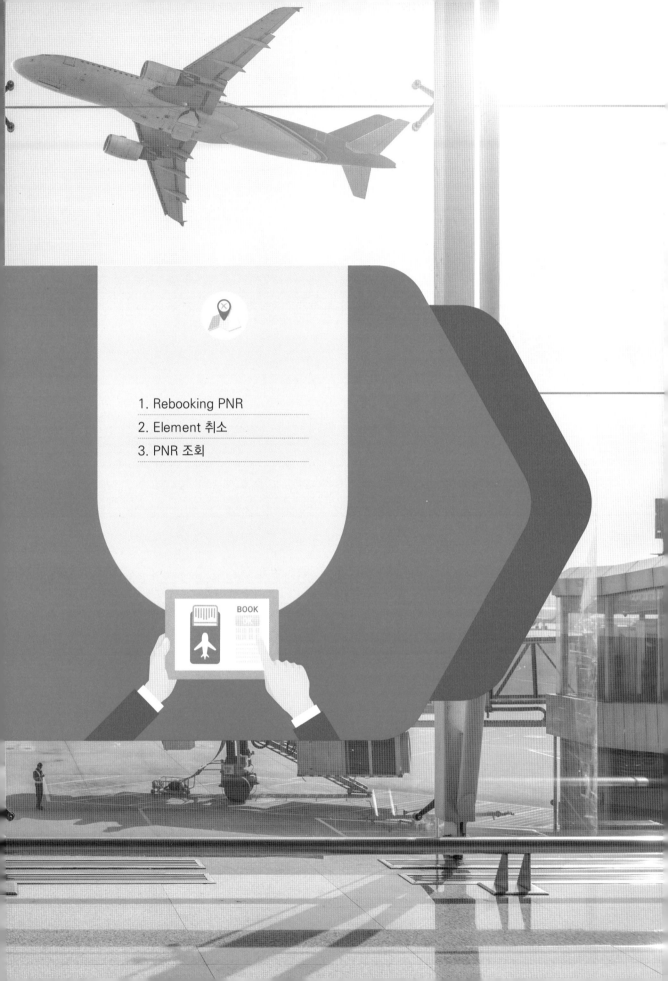

Rebooking PNR

- 여정이 작성되어 있는 상태에서 날짜, Booking Class, 항공편을 간편하게 변경 가능하다.
- PNR 완성 전, 완성 후 모두 이용 가능하다.

Entry	SB(Should Be) 설 명
SB22JAN	전 여정의 날짜를 1월 22일로 변경
SB22JAN4	4번 여정의 날짜를 1월 22일로 변경
SBY	전 여정의 Booking Class를 Y로 변경
SBY3	3번 여정의 Booking Class를 Y로 변경
SBKE644*4	4번 여정의 항공편을 KE644편으로 변경
SBM22JAN4	4번 여정의 Booking Class를 M으로, 날짜를 1월 22일로 변경
SBKE643*Y3	3번 여정의 항공편을 KE643편으로, Booking Class를 Y로 변경

1 날짜 변경

SB 22JAN4 →

SB	Should Be
22JAN	변경하고자 하는 날짜
4	변경하고자 하는 여정 번호

```
--- RLR ---
RP/SELK1394Z/SELK1394Z          AA/SU   17JUL20/1004Z    WBZTDK
2600-8899
  1.LEE/DAEHAN MR   2.PARK/MANSE MR
  3  KE 645 M 10JAN 7 ICNSIN HK2  1835 0010  11JAN  E  KE/WBZTDK
  4  KE 646 M 20JAN 3 SINICN HK2  0130 0850  20JAN  E  KE/WBZTDK
  5 AP 02-780-9966 GOGO TOUR
  6 TK OK17JUL/SELK1394Z
```

```
>SB22JAN4
--- RLR ---
RP/SELK1394Z/SELK1394Z          AA/SU   17JUL20/1004Z    WBZTDK
2600-8899
  1.LEE/DAEHAN MR   2.PARK/MANSE MR
  3  KE 645 M 10JAN 7 ICNSIN HK2  1835 0010  11JAN  E  KE/WBZTDK
  4  KE 646 M 22JAN 5 SINICN DK2  0130 0850  22JAN  E  0 77W B
     SEE RTSVC
  5 AP 02-780-9966 GOGO TOUR
```

▶ 4번 여정의 날짜가 1월 20일에서 1월 22일로 변경되었다. 이 후에 ER로 저장해야 한다.

2 Booking Class 변경

SB Y3	→	SB	Should Be
		Y	변경하고자 하는 Booking Class
		3	변경하고자 하는 여정 번호

```
--- RLR ---
RP/SELK1394Z/SELK1394Z           AA/SU  17JUL20/1226Z    WBZTDK
2600-8899
  1.LEE/DAEHAN MR    2.PARK/MANSE MR
  3  KE 645 M 10JAN 7 ICNSIN HK2  1835 0010   11JAN  E  KE/WBZTDK
  4  KE 646 M 22JAN 5 SINICN HK2  0130 0850   22JAN  E  KE/WBZTDK
  5 AP 02-780-9966 GOGO TOUR
```

```
>SBY3
--- RLR ---
RP/SELK1394Z/SELK1394Z           AA/SU  17JUL20/1226Z    WBZTDK
2600-8899
  1.LEE/DAEHAN MR    2.PARK/MANSE MR
  3  KE 645 Y 10JAN 7 ICNSIN DK2  1835 0010   11JAN  E  0 77W DR
     SEE RTSVC
  4  KE 646 M 22JAN 5 SINICN HK2  0130 0850   22JAN  E  KE/WBZTDK
```

▶ 3번 여정의 Booking Class가 M에서 Y로 변경되었다.

SB H	→	SB	Should Be
		H	변경하고자 하는 Booking Class

```
>SBH
--- RLR ---
RP/SELK1394Z/SELK1394Z           AA/SU  17JUL20/1226Z    WBZTDK
2600-8899
  1.LEE/DAEHAN MR    2.PARK/MANSE MR
  3  KE 645 H 10JAN 7 ICNSIN DK2  1835 0010   11JAN  E  0 77W DR
     SEE RTSVC
  4  KE 646 H 22JAN 5 SINICN DK2  0130 0850   22JAN  E  0 77W B
     SEE RTSVC
```

▶ 전 여정의 Booking Class가 H로 변경되었다. 이 후에 ER로 저장해야 한다.

3 항공편 변경

SB	Should Be
KE644	변경하고자 하는 항공편
*4	Asterisk 변경하고자 하는 여정 번호

SB KE644*4

```
--- RLR ---
RP/SELK1394Z/SELK1394Z              AA/SU  17JUL20/1237Z    WBZTDK
2600-8899
  1.LEE/DAEHAN MR   2.PARK/MANSE MR
  3  KE 645 H 10JAN 7 ICNSIN HK2  1835 0010  11JAN  E  KE/WBZTDK
  4  KE 646 H 22JAN 5 SINICN HK2  0130 0850  22JAN  E  KE/WBZTDK
  5 AP 02-780-9966 GOGO TOUR
  6 TK OK17JUL/SELK1394Z
  7 OPW SELK1394Z-30JUL:1900/1C7/KE REQUIRES TICKET ON OR BEFORE
        31JUL:1900/S3-4
  8 OPC SELK1394Z-31JUL:1900/1C8/KE CANCELLATION DUE TO NO
        TICKET/S3-4
```

```
>SBKE644*4
--- RLR ---
RP/SELK1394Z/SELK1394Z              AA/SU  17JUL20/1237Z    WBZTDK
2600-8899
  1.LEE/DAEHAN MR   2.PARK/MANSE MR
  3  KE 645 H 10JAN 7 ICNSIN HK2  1835 0010  11JAN  E  KE/WBZTDK
  4  KE 644 H 22JAN 5 SINICN DK2  2230 0545  23JAN  E  0 773 D
    SEE RTSVC
  5 AP 02-780-9966 GOGO TOUR
  6 TK OK17JUL/SELK1394Z
  7 OPW SELK1394Z-30JUL:1900/1C7/KE REQUIRES TICKET ON OR BEFORE
        31JUL:1900/S3
  8 OPC SELK1394Z-31JUL:1900/1C8/KE CANCELLATION DUE TO NO
        TICKET/S3
```

▶ 기존의 KE646편에서 KE644편으로 변경되었다.
  이 후에 ER로 저장해야 한다.

4 Booking Class와 날짜 변경

```
SB M12JAN3
```
→

SB	Should Be
M	변경하고자 하는 Booking Class
12JAN	변경하고자 하는 날짜
3	변경하고자 하는 여정 번호

```
--- RLR ---
RP/SELK1394Z/SELK1394Z              AA/SU  17JUL20/1242Z   WBZTDK
2600-8899
  1.LEE/DAEHAN MR    2.PARK/MANSE MR
  3  KE 645 H 10JAN 7 ICNSIN HK2  1835 0010  11JAN  E  KE/WBZTDK
  4  KE 644 H 22JAN 5 SINICN HK2  2230 0545  23JAN  E  KE/WBZTDK
  5 AP 02-780-9966 GOGO TOUR
  6 TK OK17JUL/SELK1394Z
  7 OPW SELK1394Z-30JUL:1900/1C7/KE REQUIRES TICKET ON OR BEFORE
       31JUL:1900/S3-4
  8 OPC SELK1394Z-31JUL:1900/1C8/KE CANCELLATION DUE TO NO
       TICKET/S3-4
```

```
>SBM12JAN3
--- RLR ---
RP/SELK1394Z/SELK1394Z              AA/SU  17JUL20/1242Z   WBZTDK
2600-8899
  1.LEE/DAEHAN MR    2.PARK/MANSE MR
  3  KE 645 M 12JAN 2 ICNSIN DK2  1835 0010  13JAN  E  0 77W DR
     SEE RTSVC
  4  KE 644 H 22JAN 5 SINICN HK2  2230 0545  23JAN  E  KE/WBZTDK
  5 AP 02-780-9966 GOGO TOUR
  6 TK OK17JUL/SELK1394Z
  7 OPW SELK1394Z-30JUL:1900/1C7/KE REQUIRES TICKET ON OR BEFORE
       31JUL:1900/S4
  8 OPC SELK1394Z-31JUL:1900/1C8/KE CANCELLATION DUE TO NO
       TICKET/S4
```

▶ 3번 여정이 M Class, 1월 12일로 변경되었다. 이 후에 ER로 저장해야 한다.

5 좌석수 변경

- 좌석수 변경은 PNR 저장 이전에만 사용 가능하고 PNR 작성이 완료되면 불가하다.
- 승객 수와 좌석수를 확인하고 일치하지 않으면 좌석 수를 수정하는 작업이 필요하다.

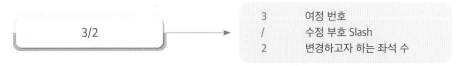

3	여정 번호
/	수정 부호 Slash
2	변경하고자 하는 좌석 수

```
                          ***  NHP  ***
RP/SELK1394Z/
  1.KIM/SUHYUN MR    2.PARK/SUNHEE MS
  3   KE 651 M 10JAN 7 ICNBKK DK1  1720 2130  10JAN  E  0 388 D
      SEE RTSVC
  4   KE 658 M 20JAN 3 BKKICN DK2  2130 0445  21JAN  E  0 77W D
      SEE RTSVC
```

▶ 승객의 이름 수는 2명인데 3번 여정의 좌석 수가 1자리 잡혀 있다.
　NHP(Non Homogeneous PNR)이라는 코드는 동일 조건이 아닌 상태에서 즉, 승객의 이름
　수와 좌석 수가 일치하지 않은 상태에서 PNR을 작성 중이다 라는 의미이다.
　따라서 3번 여정의 승객 수와 좌석 수를 일치시켜야 이 후의 작업이 가능하다.

```
> 3/2

RP/SELK1394Z/
  1.KIM/SUHYUN MR    2.PARK/SUNHEE MS
  3   KE 651 M 10JAN 7 ICNBKK DK2  1720 2130  10JAN  E  0 388 D
      SEE RTSVC
  4   KE 658 M 20JAN 3 BKKICN DK2  2130 0445  21JAN  E  0 77W D
      SEE RTSVC
```

▶ 3번 여정의 좌석을 2좌석으로 수정했더니 상단의 NHP 코드가 없어졌다.
　이 상태에서 PNR 작성이 가능하다.

02 Element 취소

• 작성된 Element는 순서대로 번호가 보여 지므로 취소해야 하는 경우는 해당 Element 번호를 이용하여 취소 처리할 수 있다.

Entry	영문	설명
XI	Cancel Itinerary	전 여정 취소
XE3	Cancel Element 3	3번 취소
XE3,5	Cancel Element 3,5	3번, 5번 만 취소
XE3-5	Cancel Element 3-5	3번부터 5번까지 취소

1 일부 여정 취소

XE 4	→	XE	Cancel(X) Element
		4	취소하고자 하는 여정 번호

```
--- RLR ---
RP/SELK1394Z/SELK1394Z            AA/SU   19JUL20/0645Z    WBZTDK
2600-8899
  1.LEE/DAEHAN MR    2.PARK/MANSE MR
  3  KE 645 H 10JAN 7 ICNSIN HK2  1835 0010   11JAN  E  KE/WBZTDK
  4  KE 644 H 22JAN 5 SINICN HK2  2230 0545   23JAN  E  KE/WBZTDK
  5 AP 02-780-9966 GOGO TOUR
  6 TK OK17JUL/SELK1394Z
```

```
>  XE4

--- RLR ---
RP/SELK1394Z/SELK1394Z            AA/SU   19JUL20/0645Z    WBZTDK
2600-8899
  1.LEE/DAEHAN MR    2.PARK/MANSE MR
  3  KE 645 H 10JAN 7 ICNSIN HK2  1835 0010   11JAN  E  KE/WBZTDK
  4 AP 02-780-9966 GOGO TOUR
  5 TK OK17JUL/SELK1394Z
  6 SSR DBML KE HK1/S3/P1
```

▶ 4번 Element인 SIN-ICN 구간의 여정이 취소되었다.

```
--- RLR ---
RP/SELK1394Z/SELK1394Z              AA/SU  19JUL20/0656Z    WBZTDK
2600-8899
  1.LEE/DAEHAN MR   2.PARK/MANSE MR
  3  KE 645 H 10JAN 7 ICNSIN HK2  1835 0010  11JAN  E  KE/WBZTDK
  4  KE 644 H 22JAN 5 SINICN HK2  2230 0545  23JAN  E  KE/WBZTDK
  5 AP 02-780-9966 GOGO TOUR
  6 TK OK17JUL/SELK1394Z
  7 SSR DBML KE HK1/S3/P1
  8 SSR DBML KE HK1/S4/P1
  9 OPW SELK1394Z-30JUL:1900/1C7/KE REQUIRES TICKET ON OR BEFORE
        31JUL:1900/S3-4
 10 OPC SELK1394Z-31JUL:1900/1C8/KE CANCELLATION DUE TO NO
        TICKET/S3-4
```

▶ 7번, 8번의 당뇨식을 취소하기 위해서는 XE7-8의 Entry를 사용한다.
취소 후 반드시 저장(ER 또는 ET) 작업이 필요하다.

```
>  XE7-8

--- RLR ---
RP/SELK1394Z/SELK1394Z              AA/SU  19JUL20/0656Z    WBZTDK
2600-8899
  1.LEE/DAEHAN MR   2.PARK/MANSE MR
  3  KE 645 H 10JAN 7 ICNSIN HK2  1835 0010  11JAN  E  KE/WBZTDK
  4  KE 644 H 22JAN 5 SINICN HK2  2230 0545  23JAN  E  KE/WBZTDK
  5 AP 02-780-9966 GOGO TOUR
  6 TK OK17JUL/SELK1394Z
  7 OPW SELK1394Z-30JUL:1900/1C7/KE REQUIRES TICKET ON OR BEFORE
        31JUL:1900/S3-4
  8 OPC SELK1394Z-31JUL:1900/1C8/KE CANCELLATION DUE TO NO
        TICKET/S3-4
```

▶ 7번, 8번의 당뇨식이 취소되었다.

2 취소 불가한 Element

- 항공사에서 부여한 항공사의 발권시한은 취소 불가하다.

```
--- RLR ---
RP/SELK1394Z/SELK1394Z            AA/SU  19JUL20/0702Z   WBZTDK
2600-8899
  1.LEE/DAEHAN MR   2.PARK/MANSE MR
  3  KE 645 H 10JAN 7 ICNSIN HK2  1835 0010   11JAN  E  KE/WBZTDK
  4  KE 644 H 22JAN 5 SINICN HK2  2230 0545   23JAN  E  KE/WBZTDK
  5 AP 02-780-9966 GOGO TOUR
  6 TK OK17JUL/SELK1394Z
  7 OPW SELK1394Z-30JUL:1900/1C7/KE REQUIRES TICKET ON OR BEFORE
        31JUL:1900/S3-4
  8 OPC SELK1394Z-31JUL:1900/1C8/KE CANCELLATION DUE TO NO
        TICKET/S3-4
*TRN*

>  XE7-8

RESTRICTED
```

▶ 취소하는 것에 제한이 있음을 확인할 수 있다.

3 전체 여정 취소

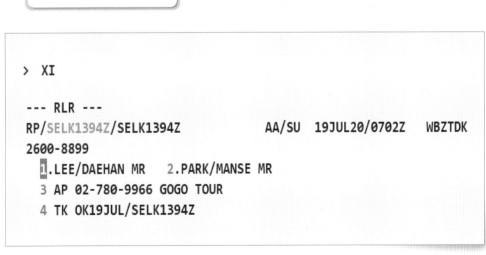

```
>  XI

--- RLR ---
RP/SELK1394Z/SELK1394Z            AA/SU  19JUL20/0702Z   WBZTDK
2600-8899
  1.LEE/DAEHAN MR   2.PARK/MANSE MR
  3 AP 02-780-9966 GOGO TOUR
  4 TK OK19JUL/SELK1394Z
```

▶ ICN-SIN-ICN 구간의 전 여정이 취소되었다. 이후 ER로 저장해야 한다.
  XI Entry를 허용하지 않는 항공사는 XE3-4 Entry를 이용해서 전체 여정을 취소한다.

4 SK Element

- 특별기내식을 입력한 후 여정 변경이나 취소 작업을 하는 경우 SK Element가 생성되어 PNR 완료 작업이 불가하다.
- 주로 SSR사항의 OK응답이 아닌 경우 SK Element가 생성된다.
- PNR 작업 중 SK Element가 있으면 반드시 삭제해야 한다.

```
--- RLR ---
RP/SELK1394Z/SELK1394Z            AA/SU  17JUL20/0445Z   WCC8II
3780-9966
  1.LEE/DAEHAN MR    2.KIM/MINKUK MSTR(CHD/23SEP15)
  3  KE 645 M 10JAN 7 ICNSIN HK2  1835 0010  11JAN  E  KE/WCC8II
  4  KE 646 M 20JAN 3 SINICN HK2  0130 0850  20JAN  E  KE/WCC8II
  5 AP 02-780-9966 GOGO TOUR
  6 TK OK17JUL/SELK1394Z
  7 SSR CHLD KE HK1 23SEP15/P2
  8 SSR CHML KE HN1/S3/P2
  9 SSR CHML KE HN1/S4/P2
```

▶ 8번과 9번 Element에 어린이식이 HN 대기 응답을 받았다.

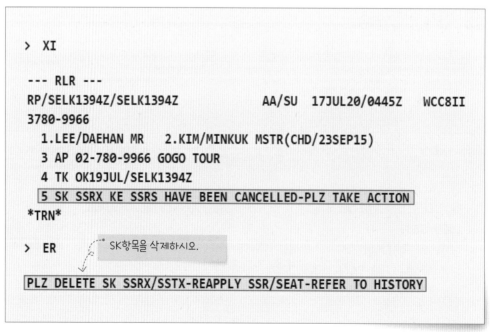

```
> XI

--- RLR ---
RP/SELK1394Z/SELK1394Z            AA/SU  17JUL20/0445Z   WCC8II
3780-9966
  1.LEE/DAEHAN MR    2.KIM/MINKUK MSTR(CHD/23SEP15)
  3 AP 02-780-9966 GOGO TOUR
  4 TK OK19JUL/SELK1394Z
  5 SK SSRX KE SSRS HAVE BEEN CANCELLED-PLZ TAKE ACTION
*TRN*

> ER        SK항목을 삭제하시오.

PLZ DELETE SK SSRX/SSTX-REAPPLY SSR/SEAT-REFER TO HISTORY
```

▶ 전체 여정을 취소했더니 5번 Element에 SK 항목이 생성되었다.
  XE5 → ER(작업 처리하면 반드시 저장 필요) Entry를 실행해야 취소 처리 가능하다.

03   PNR 조회

- PNR이 완성되면 여정의 변경, 취소 등을 하기 위해 기존에 작성한 PNR을 조회하여 승객이 요청한 작업을 처리해야 한다.

1   PNR Address 로 조회

RT 6780-9966 또는 RT WR6IU3	→	RT	Retrieve
		6780-9966	예약번호
		WR6IU3	

- (Hyphen) 생략 가능

```
> RT 67809966

--- RLR ---
RP/SELK1394Z/SELK1394Z              AA/SU  19JUL20/0914Z   WR6IU3
6780-9966
  1.NA/DAEHAN MR   2.SON/MINKUK MR
  3  KE 621 M 10JAN 7 ICNMNL HK2  0745 1100  10JAN  E  KE/WR6IU3
  4  KE 622 M 20JAN 3 MNLICN HK2  1230 1720  20JAN  E  KE/WR6IU3
  5 AP 02-780-9966 GOGO TOUR
  6 TK OK19JUL/SELK1394Z
  7 OPW SELK1394Z-31JUL:1900/1C7/KE REQUIRES TICKET ON OR BEFORE
       02AUG:1900/S3-4
  8 OPC SELK1394Z-02AUG:1900/1C8/KE CANCELLATION DUE TO NO
       TICKET/S3-4
```

```
> RT WR6IU3

--- RLR ---
RP/SELK1394Z/SELK1394Z              AA/SU  19JUL20/0914Z   WR6IU3
6780-9966
  1.NA/DAEHAN MR   2.SON/MINKUK MR
  3  KE 621 M 10JAN 7 ICNMNL HK2  0745 1100  10JAN  E  KE/WR6IU3
  4  KE 622 M 20JAN 3 MNLICN HK2  1230 1720  20JAN  E  KE/WR6IU3
  5 AP 02-780-9966 GOGO TOUR
  6 TK OK19JUL/SELK1394Z
```

2 승객의 이름으로 조회

```
          ┌─────────────────┐              RT          Retrieve
          │  RT/NA/DAEHAN   │─────────▶    /           이름 구분 부호
          └─────────────────┘              NA/DAHAN    승객 이름
```

- Title생략과 입력 모두 가능

```
>  RT/NA/DAEHAN

--- RLR ---
RP/SELK1394Z/SELK1394Z              AA/SU  19JUL20/0914Z    WR6IU3
6780-9966
  1.NA/DAEHAN MR    2.SON/MINKUK MR
  3   KE 621 M 10JAN 7 ICNMNL HK2  0745 1100   10JAN  E  KE/WR6IU3
  4   KE 622 M 20JAN 3 MNLICN HK2  1230 1720   20JAN  E  KE/WR6IU3
  5 AP 02-780-9966 GOGO TOUR
  6 TK OK19JUL/SELK1394Z
  7 OPW SELK1394Z-31JUL:1900/1C7/KE REQUIRES TICKET ON OR BEFORE
        02AUG:1900/S3-4
  8 OPC SELK1394Z-02AUG:1900/1C8/KE CANCELLATION DUE TO NO
        TICKET/S3-4
```

```
>  RT/SON/MINKUK MR

--- RLR ---
RP/SELK1394Z/SELK1394Z              AA/SU  19JUL20/0914Z    WR6IU3
6780-9966
  1.NA/DAEHAN MR    2.SON/MINKUK MR
  3   KE 621 M 10JAN 7 ICNMNL HK2  0745 1100   10JAN  E  KE/WR6IU3
  4   KE 622 M 20JAN 3 MNLICN HK2  1230 1720   20JAN  E  KE/WR6IU3
  5 AP 02-780-9966 GOGO TOUR
  6 TK OK19JUL/SELK1394Z
  7 OPW SELK1394Z-31JUL:1900/1C7/KE REQUIRES TICKET ON OR BEFORE
        02AUG:1900/S3-4
  8 OPC SELK1394Z-02AUG:1900/1C8/KE CANCELLATION DUE TO NO
        TICKET/S3-4
```

▶ Title까지 입력해서 조회 가능하다.

- 이름으로 조회 시 동일 이름이 나오는 경우는 List번호를 이용한다.

RT/KIM/SUHEE ➡ RT3 ⟶ RT   Retrieve
3   List 번호

```
> RT/KIM/SUHEE

RT/KIM/SUHEE
  1 KIM/SUHEE MS      ❶CA  138 ❷Y ❸10JAN ❹GMPPEK  ❺1 ❻W5TSG6
  2 KIM/SUHEE MS        AF  267  Y  10JAN  ICNCDG   1 W5PYRJ
  3 KIM/SUHEE MS        KE  651  Y  10JAN  ICNBKK   1 VZNWRW
  4 KIM/SUHEE MS      ❼NO ACTIVE ITINERARY          VZNOMW
```

① CA 138 : 항공사 코드와 항공편

② Y : Booking Class

③ 10JAN : 출발일

④ GMP PEK : 출발지와 도착지 공항코드

⑤ 1 : 좌석 수

⑥ W5TSG6 : 예약번호(PNR Address)

⑦ NO ACTIVE ITINERARY : 이용할 여정이 없는 경우(취소했거나 모두 탑승완료 한 경우)

```
> RT3

--- RLR ---
RP/SELK1394Z/SELK1394Z          AA/SU  15JUL20/1610Z    VZNWRW
5300-7799
  1.KIM/SUHEE MS
  2  KE 651 Y 10JAN 7 ICNBKK HK1  1720 2130  10JAN  E  KE/VZNWRW
  3  KE 654 Y 20JAN 3 BKKICN HK1  0100 0830  20JAN  E  KE/VZNWRW
  4 AP 02-790-7755 GOGO TOUR
  5 APM 010-2300-7799
  6 TK OK15JUL/SELK1394Z
```

▶ 3번 List의 KE651편의 예약이 조회되었다.

3 출발일 및 승객의 이름으로 조회

> RT/10JAN-NA/DAEHAN

```
> RT/10JAN-NA/DAEHAN

--- RLR ---
RP/SELK1394Z/SELK1394Z            AA/SU  19JUL20/0914Z    WR6IU3
6780-9966
  1.NA/DAEHAN MR    2.SON/MINKUK MR
  3  KE 621 M 10JAN 7 ICNMNL HK2  0745 1100  10JAN  E  KE/WR6IU3
  4  KE 622 M 20JAN 3 MNLICN HK2  1230 1720  20JAN  E  KE/WR6IU3
  5 AP 02-780-9966 GOGO TOUR
  6 TK OK19JUL/SELK1394Z
  7 OPW SELK1394Z-31JUL:1900/1C7/KE REQUIRES TICKET ON OR BEFORE
       02AUG:1900/S3-4
  8 OPC SELK1394Z-02AUG:1900/1C8/KE CANCELLATION DUE TO NO
       TICKET/S3-4
```

4 항공편, 출발일, 승객 이름으로 조회

> RTKE621/10JAN-NA/DAEHAN

```
> RTKE621/10JAN-NA/DAEHAN

--- RLR ---
RP/SELK1394Z/SELK1394Z            AA/SU  19JUL20/0914Z    WR6IU3
6780-9966
  1.NA/DAEHAN MR    2.SON/MINKUK MR
  3  KE 621 M 10JAN 7 ICNMNL HK2  0745 1100  10JAN  E  KE/WR6IU3
  4  KE 622 M 20JAN 3 MNLICN HK2  1230 1720  20JAN  E  KE/WR6IU3
  5 AP 02-780-9966 GOGO TOUR
  6 TK OK19JUL/SELK1394Z
  7 OPW SELK1394Z-31JUL:1900/1C7/KE REQUIRES TICKET ON OR BEFORE
       02AUG:1900/S3-4
  8 OPC SELK1394Z-02AUG:1900/1C8/KE CANCELLATION DUE TO NO
       TICKET/S3-4
```

5 PNR 조회 Entry 정리(HERT)

• 다양한 방법으로 작성 완료한 PNR조회가 가능하다.

Entry	설 명
RT6780-9966 RTWR6IU3	예약번호로 조회
RT/NA/DAEHAN	승객의 이름으로 조회
RT/NA/D	승객의 일부 이름으로 조회
RT/10JAN-NA	출발일과 승객의 일부 이름으로 조회
RT/10JAN-NA/DAEHAN	출발일과 승객의 이름으로 조회
RTKE621/10JAN-NA/DAEHAN	항공편과 출발일, 승객의 이름으로 조회
RT3	동일 이름 또는 유사한 이름 List 중 3번 List 조회
RT0	동일 이름 또는 유사한 이름 List 재 조회
RTPP	가장 최근에 저장된 PNR 재 조회

6 PNR Element 별 조회

• 작성중인, 또는 작성 완료한 PNR에서 Element 별 조회가 가능하다.

Entry	설 명
RT	현재 작성중인 PNR 조회 또는 바로 전 작성 완료한 PNR 조회
RTA	여정만 조회
RTE	ES(PNR 공유) 조회
RTJ	전화번호 조회
RTK	Ticket Arrangement 조회
RTN	이름 조회
RTO	OPW, OPC 조회
RTR	Remarks 조회
RTW	단체 PNR과 이름 모두 조회
RTG	SK, SR, OS 조회
RTTN	발권한 항공권 번호 조회

```
> RTN

RP/SELK1394Z/SELK1394Z              AA/SU   19JUL20/0914Z    WR6IU3
6780-9966
  1.NA/DAEHAN MR    2.SON/MINKUK MR
```

PNR 작성 실습(수정/취소/조회)

조 건	Entry
1. 승객 　1) 본인 　2) KOO/YUNA(여아, 2022, 7, 20, 보호자 본인) 　3) SON/KANGIN(남아, 2016, 10, 26) 2. 여정 　4/19 서울/하노이(HANOI) KE453 B CLASS 　5/23 하노이 /서울　　 KE454 B CLASS 3. 전화번호 　1) 여행사 031-300-5000 MOMO TOUR 　2) 본인 핸드폰 입력 4. 요청사항 　1) 본인 서울 출발구간 채식 신청 　2) 본인 리턴 구간 해산물식 신청 　3) 전 여정 유아식 신청 　4) 전 여정 아기바구니 신청 　5) 전 여정 어린이식 신청 　≫ PNR ADDRESS	
5. 유아 승객만 취소하시오.	
6. 서울- 하노이 구간의 날짜를 4월 15일로 변경하시오.	
7. 하노이-서울 구간의 편수를 KE456편으로 변경하시오.	
8. 승객이 이용한 편수와 날짜, 이름을 이용하여 PNR 조회하시오.	
9. 전체 여정 취소하시오.	

✎ Memo

Chapter 06

Booking Class

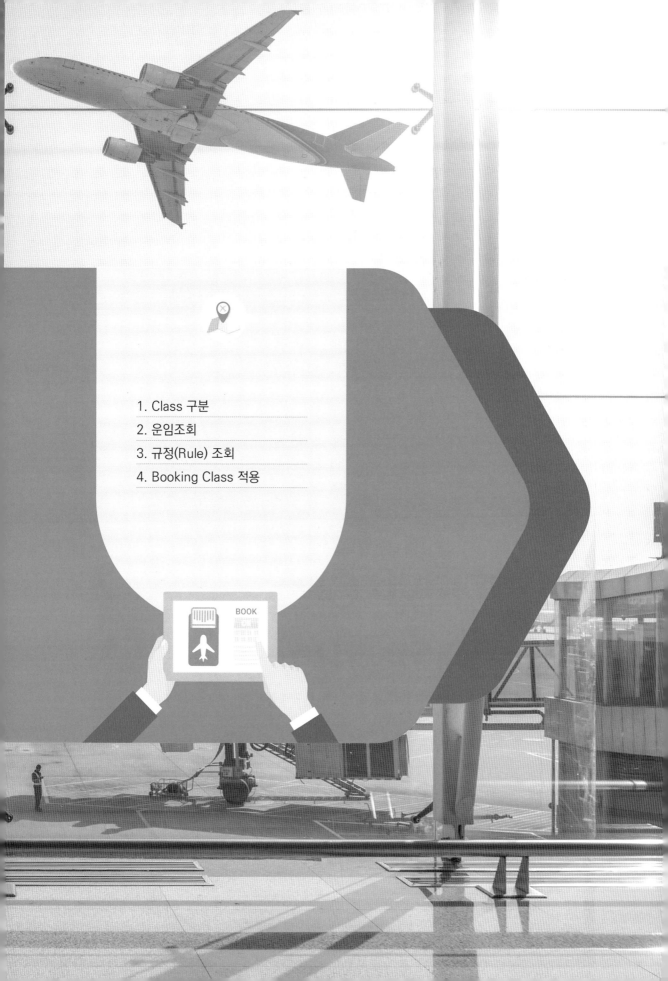

Class 구분

1 IATA Cabin Class(운송등급)

• 항공편에 실제 설치되어 승객이 탑승하는 Class(등급)를 의미한다.

① 일등석(First Class)

② 우등석(Business/Prestige Class)

③ 일반석(Economy Class)

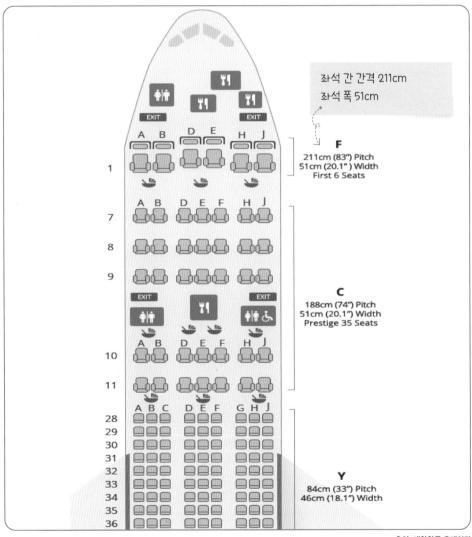

Boeing B777-300(338석)

출처: 대한항공 홈페이지

2 Booking Class(예약 등급)

- 각 Cabin Class에서 실제 예약하는 Class를 의미한다.
- 항공사에 따라 알파벳 26개 중 최대 22개까지 Booking Class를 운영 중이며 항공사 별로 운영하는 Booking Class는 상이하다.
- 적용하는 운임에 따라 Booking Class가 결정된다.
- 운임을 결정할 때 중요한 요소는 다음과 같다.

① 체류기간

② 사전 발권(구입)

③ 도중체류(Stopover) 횟수

④ 환승(Transfer) 횟수

⑤ 예약 변경 여부

- 이러한 요소를 확인하여 운임이 결정되고 그 운임에는 정해진 Booking Class가 있다.
- 같은 운송등급인 일반석에서도 승객이 이용하는 여정의 조건에 따라 그에 적합한 가장 저렴 한 해당 운임의 Booking Class로 예약을 해야 한다.

3 Booking Class 구분

```
AN10JANSELLON/AKE
** AMADEUS AVAILABILITY - AN ** LON LONDON.GB            175 SU 10JAN 0000
 1   KE 907  P7 A3 J9 C9 DL IL RL /ICN 2 LHR 2  1300    1630  E0/77W      12:30
             Z3 Y9 B9 M9 S9 H9 E9 K9 L9 UL QL NL TL GL
```

▶ ICN-LHR 구간의 KE907편은 21개의 Booking Class를 운영 중이다.

Cabin Class	Booking Class
First Class	P/A Class
Business/Prestige Class	J/C/D/I/R/Z Class
Economy Class	Y/B/M/S/H/E/K/L/U/Q/N/T/G Class

▶ 일반석 운송등급인 Y에서 G Class 중 어떠한 Class로 예약하는 지에 따라 운임이 달라진다.

02 운임 조회

1 승객의 조건

① 1월 10일 출발, SEL-SIN, 5월 10일 출발, SIN-SEL → SIN 에서 4개월 체류

② 예약완료 3일이내 발권

③ 조건 확인 후 운임 조회

| FQDSELSIN/AKE/D10JAN/IL,X | → | IL,X는 IX,L로도 가능 |

운임 조회 Entry	설 명
FQD	Fare Quotation Display
SELSIN	출발지목적지(SELSIN)
AKE	운임을 적용하는 항공사(Airline KE)
D10JAN	출발일(Departure date)
IL	항공사 List 제외(Ignore List)
,X	저렴한 운임부터 높은 운임 순으로 조회

```
FQDSELSIN/AKE/D10JAN
AI   BI   BR   B7   CA   CI   CX   CZ   EK      TAX MAY APPLY
ET   EY   FJ   FZ   GA   GS   HU   HX   IT      SURCHG MAY APPLY-CK RULE
JL   KA   KL   LH   MF   MH   MI   MU   NZ
OZ   PG   PR   QF   QR   QV   SQ   TG   TR
UA   VN   WY   3U   9W   /YY*AA   AC   AF
AK   BG   B0   CA   CG   CO   C6   D2   D7
EK   FD   FN   FP   FR   FY   F5   GI   GX
G5   HC   HV   H1   H2   JD   JJ   J9   KC
KE   LA   LH   LJ   LL   LS   MF   M8   NW
OD   OZ   PZ   QH   QZ   RY   R3   R7   R8
SB   S3   TB   TO   TW   TZ   UA   UJ   VJ
VK   VY   WW   W2   W5   W7   XJ   XL   X4
X5   YC   YZ   ZE   ZH   ZL   Z2   3Q   3U
4M   4O   5Q   6Q   7A   7C   9B   9G   9H
9N   9R   9X
ROE 1207.837287 UP TO 100.00 KRW
10JAN21**10JAN21/KE SELSIN/NSP;EH/TPM  2883/MPM  3459
LN FARE BASIS     OW   KRW   RT    B PEN  DATES/DAYS    AP MIN MAX R
01 POW       1810100           P +    -       -         -  . -  - M
```

▶ 기본 Entry 조회하면 다른 항공사의 List와 높은 운임인 P Class의 운임부터 조회된다.

- 항공사 List 제외하고 저렴한 운임부터 조회하는 IL,X Option을 실행한다.

```
FQDSELSIN/AKE/D10JAN/IL,X
ROE 1207.837287 UP TO 100.00 KRW
10JAN21**10JAN21/KE SELSIN/NSP;EH/TPM  2883/MPM  3459
LN FARE BASIS      OW    KRW  RT  B PEN   DATES/DAYS    AP MIN MAX R
01 UHEVZRKS             670000  U  +   S23DEC  28FEB   + -    6M R
02 LHEVZRKS             730000  L  +   S23DEC  28FEB   + -    6M R
03 KHEVZRKS             800000  K  +   S23DEC  28FEB   + -    6M R
04 EHEVZRKS             870000  E  +   S23DEC  28FEB   + -    6M R
05 HHE0ZRKS             990000  H  +   S23DEC  28FEB   - -    6M R
06 EHEV0RKS     522000          E  +   S23DEC  28FEB   + -    -  R
07 SHE0ZRKS            1090000  S  +   S23DEC  28FEB   - -    6M R
08 HHE00RKS     594000          H  +   S23DEC  28FEB   - -    -  R
09 MHE0ZRKS            1200000  M  +   S23DEC  28FEB   - -   12M R
10 MNE00EKS     624000          M  +    -       -      + -    -  M
11 SHE00RKS     654000          S  +   S23DEC  28FEB   - -    -  R
12 BHE0ZRKS            1400000  B  +   S23DEC  28FEB   - -   12M R
13 MHE00RKS     720000          M  +   S23DEC  28FEB   - -    -  R
14 YRTKE               1512600  Y  +    -       -      - -    -  R
15 YRT                 1512600  Y  +    -       -      - -    -  M
```

항 목	설 명
LN	운임의 Line Number
FARE BASIS	운임의 종류
OW	One way Fare
KRW	출발지 국가 통화(KOREA Won)
RT	Round Trip Fare
B	Booking Class
PEN	Penalty 정보(+ : Penalty 있음, - Penalty 없음)
DATES/DAYS	Seasonality(Low/Shoulder/High Season) 주중/주말(Midweek/Weekend)
AP	Advanced Purchase(사전 구입, + : 제한 조건 있음, - : 제한 조건 없음)
MIN	Minimum Stay(최소 체류 의무기간)
MAX	Maximum Stay(최대 체류 허용기간)
R	운임 계산 방식(R : Routing System/ M : Mileage System)

▶ 가장 저렴한 U Class는 AP 항목에 +, MAX 는 6M(MONTH) 최대 6개월까지 체류 가능하다.

규정(Rule) 조회

FQDSELSIN/AKE/D10JAN/IL,X ➡ FQN1//LI ➡ FQN1//AP

FQN1//LI	1번 라인의 Note(Rule) 조회 : Rule은 2자리 코드로 구성
FQN1//AP	1번 라인의 AP(Advanced Purchase) 규정 조회

```
FQN1//LI
**  RULES DISPLAY  **
10JAN21**10JAN21/KE SELSIN/NSP;EH/TPM  2883/MPM  3459
LN FARE BASIS    OW   KRW  RT   B PEN  DATES/DAYS   AP MIN MAX R
01 UHEVZRKS           670000 U + S23DEC  28FEB   + -   6M R
FCL: UHEVZRKS  TRF:   8 RULE: KS03 BK:  U
PTC: ADT-ADULT            FTC: XEX-REGULAR EXCURSION
OPTION LIST
    RU.RULE APPLICATION           MX.MAX STAY
    SE.SEASONS                    SR.SALES RESTRICT
    TR.TVL RESTRICTION            AP.ADVANCE RES/TKT
    CD.CHILD DISCOUNTS            AD.AGTS DISCOUNTS
    OD.OTHER DISCOUNTS            SO.STOPOVERS
    TF.TRANSFERS/RTGS             SU.SURCHARGES
    TE.TKT ENDORSEMENT            PE.PENALTIES
```

```
FQN1//AP
**  RULES DISPLAY  **
10JAN21**10JAN21/KE SELSIN/NSP;EH/TPM  2883/MPM  3459
LN FARE BASIS    OW   KRW  RT   B PEN  DATES/DAYS   AP MIN MAX R
01 UHEVZRKS           670000 U + S23DEC  28FEB   + -   6M R
FCL: UHEVZRKS  TRF:   8 RULE: KS03 BK:  U
PTC: ADT-ADULT            FTC: XEX-REGULAR EXCURSION
AP.ADVANCE RES/TKT
FOR UHEVZRKS TYPE FARES

   RESERVATIONS ARE REQUIRED FOR ALL SECTORS.
   WAITLIST NOT PERMITTED.
   TICKETING MUST BE COMPLETED WITHIN 3 DAYS AFTER
   RESERVATIONS ARE MADE.
```

▶ 가장 저렴한 U Class의 사전 구입 조건은 예약완료 3일이내 발권 조건이다.

Booking Class 적용

1 승객의 조건 확인 후 운임 조회

① 1월 10일 출발, SEL-SIN, 5월 10일 출발, SIN-SEL → SIN 에서 4개월 체류

② 예약완료 3일이내 발권

```
FQDSELSIN/AKE/D10JAN/IL,X
ROE 1207.837287 UP TO 100.00 KRW
10JAN21**10JAN21/KE SELSIN/NSP;EH/TPM  2883/MPM  3459
LN FARE BASIS     OW    KRW  RT  B PEN   DATES/DAYS    AP MIN MAX R
01 UHEVZRKS             670000  U  +   S23DEC  28FEB   +  -   6M R
02 LHEVZRKS             730000  L  +   S23DEC  28FEB   +  -   6M R
03 KHEVZRKS             800000  K  +   S23DEC  28FEB   +  -   6M R
04 EHEVZRKS             870000  E  +   S23DEC  28FEB   +  -   6M R
05 HHE0ZRKS             990000  H  +   S23DEC  28FEB   -  -   6M R
06 EHEV0RKS   522000            E  +   S23DEC  28FEB   +  -    - R
07 SHE0ZRKS            1090000  S  +   S23DEC  28FEB   -  -   6M R
08 HHE00RKS   594000            H  +   S23DEC  28FEB   -  -    - R
09 MHE0ZRKS            1200000  M  +   S23DEC  28FEB   -  -  12M R
10 MNE00EKS   624000            M  +     -       -     +  -    - M
11 SHE00RKS   654000            S  +   S23DEC  28FEB   -  -    - R
12 BHE0ZRKS            1400000  B  +   S23DEC  28FEB   -  -  12M R
13 MHE00RKS   720000            M  +   S23DEC  28FEB   -  -    - R
14 YRTKE              1512600   Y  +     -       -     -  -    - R
15 YRT                1512600   Y  +     -       -     -  -    - M
```

U Class 운임 적용 조건	승객의 조건
① MAX : 6M	승객은 4개월 체류
② AP : 예약완료 3일 이내 발권	승객 예약완료 3일 이내 발권 가능하다 함

▶ U Class의 MAX와 AP 조건과 승객의 조건이 모두 일치한다.
  1월 10일 출발, SEL-SIN KE U Class 로 예약해야 함
  5월 10일 출발, SIN-SEL KE U Class 로 예약해야 함

2 Booking Class 실습

(1) 다음 승객의 조건을 확인 후 적용할 Booking Class를 쓰시오.

① 2월 21일 SEL-MNL, 5월 30일 MNL-SEL, 체류 기간은?

② 예약완료 7일 후 발권

▶정답 :

③ 운임조회

> FQDSELMNL/AKE/D21FEB/IL,X

```
FQDSELMNL/AKE/D21FEB/IL,X
ROE 1122.147682 UP TO 100.00 KRW
21FEB22**21FEB22/KE SELMNL/NSP;EH/TPM  1627/MPM  1952
LN FARE BASIS      OW   KRW RT   B PEN  DATES/DAYS   AP MIN MAX R
01 EHEVZRKS             580000 E + S24DEC  28FEB   + -   6M R
02 HHE0ZRKS             660000 H + S24DEC  28FEB   - -   6M R
03 EHEV0RKS     348000         E + S24DEC  28FEB   + -    - R
04 SHE0ZRKS             720000 S + S24DEC  28FEB   - -   6M R
05 MNE00EKS     389700         M +    -      -   + -   -  M
06 HHE00RKS     396000         H + S24DEC  28FEB   - -    - R
07 MHE0ZRKS             800000 M + S24DEC  28FEB   - -  12M R
08 SHE00RKS     432000         S + S24DEC  28FEB   - -    - R
09 BHE0ZRKS             900000 B + S24DEC  28FEB   - -  12M R
10 YRT                  944600 Y +    -      -           -  M
```

▶ E Class는 AP항목에 + 부호로 FQN으로 규정을 조회하면 예약완료 3일이내 발권 조건이다.
　승객은 예약 완료 7일 후 발권이 가능하므로 AP항목의 제한 조건이 없고, 체류기간이 3개월 조금 넘게 체류하므로
　유효기간이 6개월인 H Class를 적용해야 한다.

> • FQN1//AP 규정 조회하면 예약완료 3일이내 발권 조건임

(2) 다음 승객의 조건을 확인 후 적용할 Booking Class를 쓰시오.

① 1월 17일 SEL-SPK, 7월 27일 SPK-SEL, 체류 기간은?

② 예약완료 3일 이내 발권

▶정답 :

③ 운임조회

> FQDSELSPK/AKE/D17JAN/IL,X

> AP 항목을 기준으로 좌측의 +는 편수에 제한 있음을 의미 우측의 +표시가 AP에 제한 있음을 의미

```
FQDSELSPK/AKE/D17JAN/IL,X
ROE 1122.147682 UP TO 100.00 KRW
17JAN22**17JAN22/KE SELSPK/NSP;EH/TPM   870/MPM  1044
LN FARE BASIS    OW   KRW  RT  B PEN    DATES/DAYS     AP MIN MAX R
01 ENEVZLKJ            340000 E +    -       -    +  +  -  6M R
02 HNE0ZLKJ            380000 H +    -       -    +  -  -  6M R
03 MNE0ZLKJ            420000 M +    -       -    +  -  - 12M R
04 LHEVZRKJ            540000 L +  S16DEC  28FEB+  +  -  3M R
05 BNE0ZLKJ            570000 B +    -       -    +  -  - 12M R
06 KHEVZRKJ            570000 K +  S16DEC  28FEB+  +  -  3M R
07 EHEVZRKJ            620000 E +  S16DEC  28FEB+  +  -  6M R
08 MNE00EKJ    316700         M +    -       -    +  -  -   M
09 HHE0ZRKJ            650000 H +  S16DEC  28FEB+  -  -  6M R
10 YRTLJ               660000 Y -    -       -    +  -  -   R
11 SHE0ZRKJ            670000 S +  S16DEC  28FEB+  -  -  6M R
12 MHE0ZRKJ            700000 M +  S16DEC  28FEB+  -  - 12M R
13 BHE0ZRKJ            740000 B +  S16DEC  28FEB+  -  - 12M R
14 EHEV0RKJ    372000         E +  S16DEC  28FEB+  +  -   R
15 YRT                 767500 Y +    -       -    -  -  -   M
```

▶ 승객은 6개월 넘게 체류하므로 12번 라인의 M Class 12개월의 유효기간을 선택해야 하고, M Class는 AP항목에 –으로 제한조건이 없다. 즉 예약완료 후 3일이내 발권을 해도, 하지 않아도 상관없으므로 승객에게 M Class를 적용하여 예약하면 된다.

> **◐ LJ 탑승 조건의 Class**
> - 1번 라인의 FARE BASIS(운임의 종류) ENEVZLKJ를 보면 **L**은 LJ 탑승을 의미한다. (2, 3, 5번)
> - 10번 라인의 YRT**LJ** 도 LJ 탑승해야 하는 조건을 의미한다.

(3) 다음 승객의 조건을 확인 후 적용할 Booking Class를 쓰시오.

① 12월 15일 SEL-HKT, 4월 23일 BKK-SEL, 체류 기간은?

② 예약완료 3일 이내 발권

▶정답 :

③ 운임조회

> FQDSELHKT/AKE/D15DEC/IL,X

```
FQDSELHKT/AKE/D15DEC/IL,X
ROE 1207.837287 UP TO 100.00 KRW
15DEC20**15DEC20/KE SELHKT/NSP;EH/TPM  2693/MPM  3231
LN FARE BASIS      OW   KRW RT   B PEN  DATES/DAYS    AP MIN MAX R
01 UKEVZRKS             550000 U + S01NOV  22DEC    + -  6M R
02 LKEVZRKS             590000 L + S01NOV  22DEC    + -  6M R
03 KKEVZRKS             650000 K + S01NOV  22DEC    + -  6M R
04 EKEVZRKS             710000 E + S01NOV  22DEC    + -  6M R
05 HKE0ZRKS             790000 H + S01NOV  22DEC    - -  6M R
06 EKEV0RKS      426000         E + S01NOV  22DEC    + -  - R
07 SKE0ZRKS             880000 S + S01NOV  22DEC    - -  6M R
08 HKE00RKS      474000         H + S01NOV  22DEC    - -  - R
09 MKE0ZRKS             980000 M + S01NOV  22DEC    - - 12M R
```

```
FQN1//AP
**  RULES DISPLAY  **
15DEC20**15DEC20/KE SELHKT/NSP;EH/TPM  2693/MPM  3231
LN FARE BASIS     OW   KRW RT   B PEN  DATES/DAYS   AP MIN MAX R
01 UKEVZRKS            550000 U + S01NOV  22DEC   + -  6M R
FCL: UKEVZRKS   TRF:   8 RULE: KS03 BK:  U
PTC: ADT-ADULT                FTC: XEX-REGULAR EXCURSION
AP.ADVANCE RES/TKT
FOR UKEVZRKS TYPE FARES

   RESERVATIONS ARE REQUIRED FOR ALL SECTORS.
   WAITLIST NOT PERMITTED.
   TICKETING MUST BE COMPLETED WITHIN 3 DAYS AFTER
   RESERVATIONS ARE MADE.
```

▶체류기간 6개월 안에 돌아오며, AP조건도 부합, 2개의 조건 모두 맞으므로 U Class 적용

> • 도착도시 HKT, 출발도시 BKK이지만 첫 구간인 SEL-HKT의 U Class를 BKK-SEL 구간도 적용

(4) 다음 승객의 조건을 확인 후 적용할 Booking Class를 쓰시오.

① 2월 26일 SEL-SYD 편도구간 이용

② 예약완료 10일 후 발권

▶ 정답 :

③ 운임조회

```
FQDSELSYD/AKE/D26FEB/IL,X
ROE 1207.837287 UP TO 100.00 KRW
26FEB21**26FEB21/KE SELSYD/NSP;EH/TPM  5184/MPM  6220
LN FARE BASIS      OW   KRW  RT   B PEN  DATES/DAYS    AP MIN MAX R
01 LLEVZRKZ              800000 L  +  S21FEB  31MAR   + -  12M R
02 KLEVZRKZ              950000 K  +  S21FEB  31MAR   + -  12M R
03 LLEVZR1Z             1050000 L  +  S21FEB  31MAR   + -  12M R
04 ELEVZRKZ             1100000 E  +  S21FEB  31MAR   + -  12M R
05 KLEVZR1Z             1200000 K  +  S21FEB  31MAR   + -  12M R
06 HLE0ZRKZ             1250000 H  +  S21FEB  31MAR   - -  12M R
07 ELEV0RKZ     660000          E  +  S21FEB  31MAR   + -   - R
08 ELEVZR1Z             1350000 E  +  S21FEB  31MAR   + -  12M R
09 SLE0ZRKZ             1400000 S  +  S21FEB  31MAR   - -  12M R
10 HLE0ZR1Z             1500000 H  +  S21FEB  31MAR   - -  12M R
11 HLE00RKZ     750000          H  +  S21FEB  31MAR   - -   - R
12 MLE0ZRKZ             1560000 M  +  S21FEB  31MAR   - -  12M R
13 SLE0ZR1Z             1650000 S  +  S21FEB  31MAR   - -  12M R
14 SLE00RKZ     840000          S  +  S21FEB  31MAR   - -   - R
```

```
FQN7//AP
**  RULES DISPLAY  **
26FEB21**26FEB21/KE SELSYD/NSP;EH/TPM  5184/MPM  6220
LN FARE BASIS      OW   KRW  RT   B PEN  DATES/DAYS    AP MIN MAX R
07 ELEV0RKZ     660000          E  +  S21FEB  31MAR   + -   - R
FCL: ELEV0RKZ  TRF:  8 RULE: KZ03 BK:  E
PTC: ADT-ADULT            FTC: XOX-ONE WAY SPECIAL EXCURSION
AP.ADVANCE RES/TKT
FOR ELEV0RKZ TYPE FARES

  RESERVATIONS ARE REQUIRED FOR ALL SECTORS.
  WAITLIST NOT PERMITTED.
  TICKETING MUST BE COMPLETED WITHIN 3 DAYS AFTER
  RESERVATIONS ARE MADE.
```

▶ 편도운임 중 가장 저렴한 E Class는 예약완료 3일이내 발권, 승객은 예약완료 10일 후 발권이므로 그 다음의 상위운임은 H Class는 AP제한이 없으므로 H Class를 적용해야 한다.

Booking Class 적용 PNR 작성 실습1

조건	Entry

1. 승객
  1) 본인
  2) SUNG/DONGKUK MR
  3) KANG/HYEGYO(여아, 2017, 10, 13)	

2. 여정 : 예약완료 3일이내 발권
  1/12 서울 / 두바이 (DUBAI) KE951 (   ) CLASS
  6/10 두바이 / 서울 KE952 ( ) CLASS	

3. 전화번호
  1) 여행사 02-726-7900 HOHO TOUR
  2) 성동국 핸드폰 번호 010-3890-6755	

4. 요청사항
  1) 본인 전 여정 저염식 신청
  2) 성동국 서울 출발구간 저자극식 신청
  3) 전여정 어린이식 신청	

5. 완료 ≫ PNR ADDRESS	

Booking Class 적용 PNR 작성 실습2

조건	Entry
1. 승객 1) 본인 2) LIM/SUNA(여아, 2022, 5, 27, 보호자 본인) 3) BAEK/JISUNG MR	
2. 여정 : 예약완료 7일후 발권 1/15 서울/다낭(DA NANG) KE457 (　　) CLASS 4/20 나트랑(NHA TRANG) /서울 KE468 (　　) CLASS	
3. 전화번호 1) 여행사 032-500-6200 LALA TOUR 2) 백지성 핸드폰번호 010-7340-8905	
4. 요청사항 1) 본인 서울 출발 구간만 저염식 신청 2) 전 여정 유아식 신청 3) 전 여정 아기바구니 신청 4) 백지성 리턴 구간 저지방식 신청	
5. 완료 ≫ PNR ADDRESS	

Chapter 07

PNR
작성의 다양한 기능

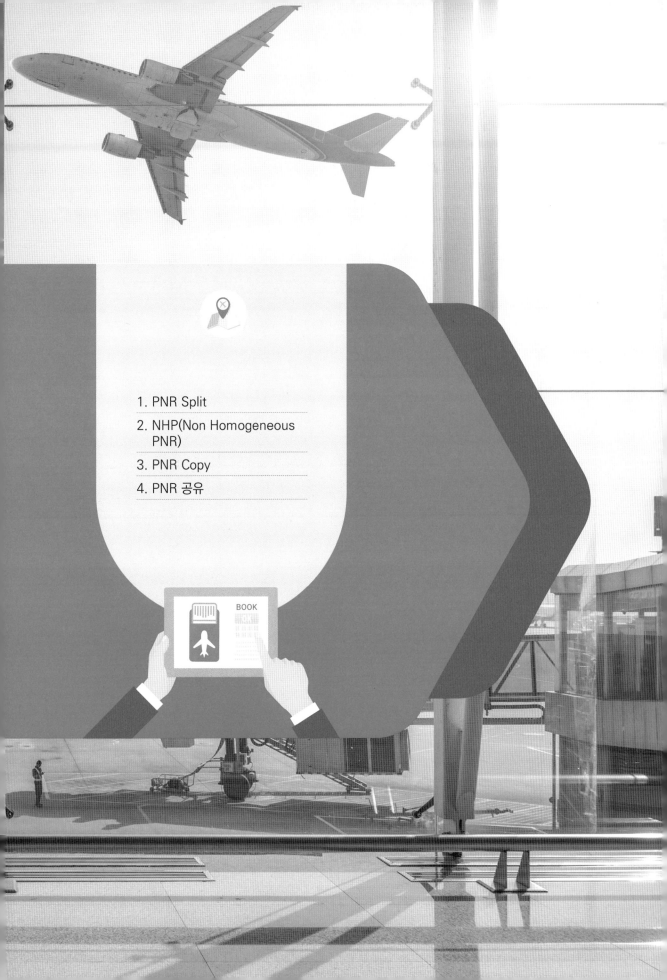

01 PNR Split

- 완성된 PNR에서 전 승객이 아닌, 일부 승객의 예약 내용을 변경하거나 취소하는 경우에 사용하는 기능으로 하나의 PNR을 두개 이상으로 분리하는 것을 의미한다.
- 작성 중인 PNR은 분리할 수 없다.

1 사례

- 아래의 완성된 PNR에서 두번째 승객인 박만세 승객만 SIN-ICN구간의 날짜를 2월 25일로 변경 요청을 받았다.
- 현재 PNR에서 날짜 변경을 하면 모든 승객의 날짜가 변경되므로 이러한 경우에는 박만세 승객의 분리작업을 먼저 실행하고 그 이후에 날짜 변경을 해야 한다.

```
>  RT28803377

--- RLR ---
RP/SELK1394Z/SELK1394Z              AA/SU  21JUL20/1408Z    J8MRSS
2880-3377
  1.LEE/DAEHAN MR    2.PARK/MANSE MR
  3  KE 645 H 10FEB 3 ICNSIN HK2  1835 0010  11FEB  E  KE/J8MRSS
  4  KE 646 H 22FEB 1 SINICN HK2  0130 0850  22FEB  E  KE/J8MRSS
  5 AP 02-780-9966 GOGO TOUR
  6 APM 010-2880-3377/P1
  7 TK OK21JUL/SELK1394Z
```

2 PNR Split 절차

① RT2880-3377	분리할 PNR 조회
② SP2	분리할 승객 번호
③ EF	분리된 Associate PNR 저장 및 Parent PNR 조회
④ ET	Parent PNR 저장

3 PNR Split 실행

1 분리하고자 하는 PNR 조회

RT 28803377

```
>  RT28803377

--- RLR ---
RP/SELK1394Z/SELK1394Z                AA/SU  21JUL20/1408Z   J8MRSS
2880-3377
  1.LEE/DAEHAN MR    2.PARK/MANSE MR
  3  KE 645 H 10FEB 3 ICNSIN HK2  1835 0010  11FEB  E  KE/J8MRSS
  4  KE 646 H 22FEB 1 SINICN HK2  0130 0850  22FEB  E  KE/J8MRSS
  5 AP 02-780-9966 GOGO TOUR
  6 APM 010-2880-3377/P1
  7 TK OK21JUL/SELK1394Z
```

2 2번 승객 분리

SP2

```
>  SP2                                    분리 중이므로 PNR 생성 안됨

--- RLR ---
-ASSOCIATE PNR-
RP/SELK1394Z/SELK1394Z                AA/SU  21JUL20/1408Z   XXXXXX
  1.PARK/MANSE MR
  2  KE 645 H 10FEB 3 ICNSIN HK1  1835 0010  11FEB  E  KE/J8MRSS
  3  KE 646 H 22FEB 1 SINICN HK1  0130 0850  22FEB  E  KE/J8MRSS
  4 AP 02-780-9966 GOGO TOUR
  5 TK OK21JUL/SELK1394Z
  6 OPW SELK1394Z-04AUG:1900/1C7/KE REQUIRES TICKET ON OR BEFORE
        05AUG:1900/S2-3
  7 OPC SELK1394Z-05AUG:1900/1C8/KE CANCELLATION DUE TO NO
        TICKET/S2-3
  * SP 21JUL/AASU/SELK1394Z-J8MRSS
```

▶ 2번 승객을 분리하면 좌측 상단에 Associate PNR(연결된 PNR)이 보이면 EF로 저장한다.

3 Associate PNR 저장과 동시에 Parent PNR 조회

```
> EF

WARNING: KE REQUIRES TICKET ON OR BEFORE 05AUG:1900/S2-3
*TRN*

> EF   ┌──┘ Warning Message가 보여 지면 EF 한번 더 입력

--- RLR ---
-PARENT PNR-
RP/SELK1394Z/SELK1394Z              AA/SU   21JUL20/1408Z    J8MRSS
2880-3377
 1.LEE/DAEHAN MR
  2   KE 645 H 10FEB 3 ICNSIN HK1   1835 0010   11FEB  E  KE/J8MRSS
  3   KE 646 H 22FEB 1 SINICN HK1   0130 0850   22FEB  E  KE/J8MRSS
  4 AP 02-780-9966 GOGO TOUR
  5 APM 010-2880-3377
  6 TK OK21JUL/SELK1394Z
```

4 Parent PNR 저장

```
> ET

WARNING: KE REQUIRES TICKET ON OR BEFORE 05AUG:1900/S2-3
*TRN*

> ET  ┌──┘ Warning Message가 보여 지면 ET 한번 더 입력

END OF TRANSACTION COMPLETE - J8MRSS - KE/2880-3377 SP-J8P3LP - KE/8780-9966
```

▶ ET로 저장 작업을 해야 분리된 새로운 NEW PNR을 확인할 수 있다.
　즉, 박만세 승객의 분리된 NEW PNR은 우측 SP항목의 J8P3LP 또는 8780-9966 이다.

5 분리된 PNR 예약변경

> RT 87809966

```
> RT87809966

--- AXR RLR ---
RP/SELK1394Z/SELK1394Z              AA/SU  21JUL20/1416Z    J8P3LP
8780-9966
  1.PARK/MANSE MR
  2  KE 645 H 10FEB 3 ICNSIN HK1  1835 0010   11FEB  E  KE/J8P3LP
  3  KE 646 H 22FEB 1 SINICN HK1  0130 0850   22FEB  E  KE/J8P3LP
  4 AP 02-780-9966 GOGO TOUR
  5 TK OK21JUL/SELK1394Z
  6 OPW SELK1394Z-04AUG:1900/1C7/KE REQUIRES TICKET ON OR BEFORE
       05AUG:1900/S2-3
  7 OPC SELK1394Z-05AUG:1900/1C8/KE CANCELLATION DUE TO NO
       TICKET/S2-3
  * SP 21JUL/AASU/SELK1394Z-J8MRSS
```

> SB 25FEB3 ➡ ER ➡ ER

```
> SB25FEB3

--- AXR RLR ---
RP/SELK1394Z/SELK1394Z              AA/SU  21JUL20/1416Z    J8P3LP
8780-9966
  1.PARK/MANSE MR
  2  KE 645 H 10FEB 3 ICNSIN HK1  1835 0010   11FEB  E  KE/J8P3LP
  3  KE 646 H 25FEB 4 SINICN DK1  0130 0850   25FEB  E  0 77W B
     SEE RTSVC
  4 AP 02-780-9966 GOGO TOUR
  5 TK OK21JUL/SELK1394Z
```

```
> ER

WARNING: KE REQUIRES TICKET ON OR BEFORE 05AUG:1900/S2-3
*TRN*

> ER
```

▶ 분리된 박만세 승객의 SIN-ICN 구간의 날짜가 2월 25일로 변경되었다.

4 분리된 PNR 판독

- 분리된 2개의 PNR에 모두 좌측 상단에 AXR 코드가 생성됨
- AXR(Associated Cross Reference)코드는 두개의 PNR에 서로 연결된 PNR이 언급되어 있다는 의미이다.
- Associate PNR에는 Parent PNR이 언급되어 있고 Parent PNR에는 Associate PNR 언급됨.

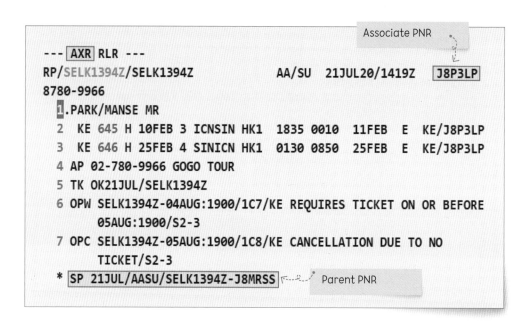

항 목	설 명
SP	분리되었음을 의미
21JUL	분리된 날짜
AASU	분리한 직원의 코드
SELK1394Z	분리한 회사의 Office ID
J8MRSS	연결된 PNR

🖐 SP Entry

Entry	설 명
SP3	3번 승객 분리
SP2,4	2번과 4번 승객 분리
SP2-4	2번, 3번, 4번 승객 분리

5 분리된 PNR 조회

RTAXR ➡ RT1(1: List 번호)

```
>  RTAXR

   AXR FOR PNR:                          J8P3LP    21JUL 2327
   1.LEE/DAEHAN M- 1      J8MRSS
   2.PARK/MANSE M- 1         *⌐ᴸ⌐⌐  바로 전에 조회한 PNR
```

```
>  RT1

   --- AXR RLR ---
   RP/SELK1394Z/SELK1394Z              AA/SU  21JUL20/1416Z   J8MRSS
   2880-3377
     1.LEE/DAEHAN MR
     2  KE 645 H 10FEB 3 ICNSIN HK1  1835 0010   11FEB  E  KE/J8MRSS
     3  KE 646 H 22FEB 1 SINICN HK1  0130 0850   22FEB  E  KE/J8MRSS
     4 AP 02-780-9966 GOGO TOUR
     5 APM 010-2880-3377
     6 TK OK21JUL/SELK1394Z
     7 OPW SELK1394Z-04AUG:1900/1C7/KE REQUIRES TICKET ON OR BEFORE
         05AUG:1900/S2-3
     8 OPC SELK1394Z-05AUG:1900/1C8/KE CANCELLATION DUE TO NO
         TICKET/S2-3
     * SP 21JUL/AASU/SELK1394Z-J8P3LP
```

```
>  RT2

   --- AXR RLR ---
   RP/SELK1394Z/SELK1394Z              AA/SU  21JUL20/1419Z   J8P3LP
   8780-9966
     1.PARK/MANSE MR
     2  KE 645 H 10FEB 3 ICNSIN HK1  1835 0010   11FEB  E  KE/J8P3LP
     3  KE 646 H 25FEB 4 SINICN HK1  0130 0850   25FEB  E  KE/J8P3LP
     4 AP 02-780-9966 GOGO TOUR
     5 TK OK21JUL/SELK1394Z
     6 OPW SELK1394Z-04AUG:1900/1C7/KE REQUIRES TICKET ON OR BEFORE
         05AUG:1900/S2-3
     7 OPC SELK1394Z-05AUG:1900/1C8/KE CANCELLATION DUE TO NO
         TICKET/S2-3
     * SP 21JUL/AASU/SELK1394Z-J8MRSS
```

6 복수 승객 PNR Split 사례

- 아래의 작성된 PNR에서 2번 승객과 4번 승객의 취소 요청을 받았다.
- 먼저 분리작업을 실행하고 분리된 PNR을 취소 처리해야 한다.

```
--- RLR ---
RP/SELK1394Z/SELK1394Z              AA/SU  21JUL20/1518Z   J8ZOWO
3300-7866
 1.SIN/HEUNGMIN MR    2.LEE/SUNGYONG MR   3.LEE/YUNKYUNG MS
 4.BAEK/SERI MS
 5  KE 479 E 20JAN 3 ICNHAN HK4  0805 1110  20JAN  E  KE/J8ZOWO
 6  KE 480 E 30JAN 6 HANICN HK4  1220 1825  30JAN  E  KE/J8ZOWO
 7 AP 02-340-8905 GOGO TOUR
 8 APM 010-2300-7866/P1
 9 TK OK21JUL/SELK1394Z
```

1 2번, 4번 승객 분리

```
SP2,4
```

```
> SP2,4

--- RLR ---
-ASSOCIATE PNR-
RP/SELK1394Z/SELK1394Z              AA/SU  21JUL20/1518Z   XXXXXX
 1.LEE/SUNGYONG MR    2.BAEK/SERI MS
 3  KE 479 E 20JAN 3 ICNHAN HK2  0805 1110  20JAN  E  KE/J8ZOWO
 4  KE 480 E 30JAN 6 HANICN HK2  1220 1825  30JAN  E  KE/J8ZOWO
 5 AP 02-340-8905 GOGO TOUR
 6 TK OK21JUL/SELK1394Z
 7 OPW SELK1394Z-04AUG:1900/1C7/KE REQUIRES TICKET ON OR BEFORE
       05AUG:1900/S3-4
 8 OPC SELK1394Z-05AUG:1900/1C8/KE CANCELLATION DUE TO NO
       TICKET/S3-4
 * SP 21JUL/AASU/SELK1394Z-J8ZOWO
```

▶ Associate PNR이 보여 지면 EF로 저장한다.

2 Associate PNR 저장과 동시에 Parent PNR 조회

> EF

```
>  EF

WARNING: KE REQUIRES TICKET ON OR BEFORE 05AUG:1900/S3-4
*TRN*

>  EF

--- RLR ---
-PARENT PNR-
RP/SELK1394Z/SELK1394Z              AA/SU   21JUL20/1518Z   J8ZOWO
3300-7866
  1.SIN/HEUNGMIN MR    2.LEE/YUNKYUNG MS
  3  KE 479 E 20JAN 3 ICNHAN HK2  0805 1110  20JAN  E  KE/J8ZOWO
  4  KE 480 E 30JAN 6 HANICN HK2  1220 1825  30JAN  E  KE/J8ZOWO
  5 AP 02-340-8905 GOGO TOUR
  6 APM 010-2300-7866/P1
  7 TK OK21JUL/SELK1394Z
  8 OPW SELK1394Z-04AUG:1900/1C7/KE REQUIRES TICKET ON OR BEFORE
        05AUG:1900/S3-4
  9 OPC SELK1394Z-05AUG:1900/1C8/KE CANCELLATION DUE TO NO
        TICKET/S3-4
  * SP 21JUL/AASU/SELK1394Z-J8ZJZJ
```

▶ Parent PNR이 보여 지면 ET로 저장한다.

3 Parent PNR 저장

> ET

```
>  ET

WARNING: KE REQUIRES TICKET ON OR BEFORE 05AUG:1900/S3-4
*TRN*

>  ET

END OF TRANSACTION COMPLETE - J8ZOWO - KE/3300-7866 SP-J8ZJZJ - KE/3340-8905
```

4 분리된 NEW PNR 조회

> RT 33408905

```
> RT33408905

--- AXR RLR ---
RP/SELK1394Z/SELK1394Z              AA/SU  21JUL20/1523Z   J8ZJZJ
3340-8905
  1.LEE/SUNGYONG MR   2.BAEK/SERI MS
  3  KE 479 E 20JAN 3 ICNHAN HK2  0805 1110  20JAN  E  KE/J8ZJZJ
  4  KE 480 E 30JAN 6 HANICN HK2  1220 1825  30JAN  E  KE/J8ZJZJ
  5 AP 02-340-8905 GOGO TOUR
  6 TK OK21JUL/SELK1394Z
  7 OPW SELK1394Z-04AUG:1900/1C7/KE REQUIRES TICKET ON OR BEFORE
        05AUG:1900/S3-4
  8 OPC SELK1394Z-05AUG:1900/1C8/KE CANCELLATION DUE TO NO
        TICKET/S3-4
  * SP 21JUL/AASU/SELK1394Z-J8ZOWO
```

5 분리된 NEW PNR 취소

> XI ➡ ER

```
> XI

--- AXR RLR ---
RP/SELK1394Z/SELK1394Z              AA/SU  21JUL20/1523Z   J8ZJZJ
3340-8905
  1.LEE/SUNGYONG MR   2.BAEK/SERI MS
  3 AP 02-340-8905 GOGO TOUR
  4 TK OK22JUL/SELK1394Z
  * SP 21JUL/AASU/SELK1394Z-J8ZOWO
*TRN*

> ER
```

❿ 여정이 취소된 것을 확인할 수 있다.

7 Split 실행 시 주의사항

① 화면에 조회되어 작업중인 PNR은 그 작업을 종료하거나 Ignore 한 후에 다시 PNR
을 조회하여 분리작업을 실행해야 한다.

```
> SB27FEB4

--- RLR ---
RP/SELK1394Z/SELK1394Z              AA/SU  20JUL20/0949Z   WYBFWB
4500-7866
  1.LEE/DAEHAN MR    2.NA/MINKUK MR
  3  KE 603 M 15FEB 1 ICNHKG HK2  0820 1120  15FEB  E  KE/WYBFWB
  4  KE 604 M 27FEB 6 HKGICN DK2  1235 1705  27FEB  E  0 333 L
     SEE RTSVC
  5 AP 02-777-9056 GOGO TOUR
  6 APH 031-780-8966/P2
  7 APM 010-4500-7866/P1
  8 TK OK20JUL/SELK1394Z
  9 OPW SELK1394Z-31JUL:1900/1C7/KE REQUIRES TICKET ON OR BEFORE
         03AUG:1900/S3
 10 OPC SELK1394Z-03AUG:1900/1C8/KE CANCELLATION DUE TO NO
         TICKET/S3
*TRN*

> SP2

RESTRICTED - FINISH OR IGNORE
```

▶ 완성된 PNR의 4번여정의 날짜를 변경하는 작업을 완료했다. 이 작업을 완료해야 하는데 ER로 완료하지 않고 바로
분리를 실행하니 분리되지 않고 작업을 끝내거나 무시하라는 응답을 확인할 수 있다. 진행중인 작업을 완료하거나
IG를 실행하고 분리해야 한다.

② 완성되지 않은 PNR은 분리할 수 없다. Split은 완성된 PNR만 가능하다.
완성되지 않은 상태에서 승객의 여정의 각각 다르다면 별도로 PNR 작성을 해야
한다.

③ 분리작업은 Parent PNR을 저장하는 ET 작업을 하기 전까지는 종료된 것이 아니므
로 도중에 IG 작업을 하면 분리되기 전의 PNR로 환원된다.
즉 분리를 하기 위해서는 SP2 → EF → ET의 작업을 종료해야만 분리가 완료된다.

④ 승객번호와 연결되어 있는 Element(전화번호, 기내식)는 PNR이 분리될 때 각자 해당
승객에게 남는다.

```
--- RLR ---
RP/SELK1394Z/SELK1394Z              AA/SU  20JUL20/1004Z    WYBFWB
4500-7866
  1.LEE/DAEHAN MR   2.NA/MINKUK MR
  3  KE 603 M 15FEB 1 ICNHKG HK2  0820 1120  15FEB E  KE/WYBFWB
  4  KE 604 M 25FEB 4 HKGICN HK2  1235 1705  25FEB E  KE/WYBFWB
  5 AP 02-777-9056 GOGO TOUR
  6 APH 031-780-8966/P2
  7 APM 010-4500-7866/P1
  8 TK OK20JUL/SELK1394Z
  9 SSR VGML KE HK1/S3/P1
 10 SSR VGML KE HK1/S4/P1
 11 SSR SFML KE HK1/S3/P2
 12 SSR SFML KE HK1/S4/P2
```

▶ 전화번호와 특별기내식이 승객별로 연결되어 있다.

```
> SP2
 --- RLR ---
 -ASSOCIATE PNR-
RP/SELK1394Z/SELK1394Z              AA/SU  20JUL20/1004Z    XXXXXX
 1.NA/MINKUK MR
  2  KE 603 M 15FEB 1 ICNHKG HK1  0820 1120  15FEB E  KE/WYBFWB
  3  KE 604 M 25FEB 4 HKGICN HK1  1235 1705  25FEB E  KE/WYBFWB
  4 AP 02-777-9056 GOGO TOUR
  5 APH 031-780-8966
  6 TK OK20JUL/SELK1394Z
  7 SSR SFML KE HK1/S2
  8 SSR SFML KE HK1/S3
  9 OPW SELK1394Z-31JUL:1900/1C7/KE REQUIRES TICKET ON OR BEFORE
          03AUG:1900/S2-3
 10 OPC SELK1394Z-03AUG:1900/1C8/KE CANCELLATION DUE TO NO
          TICKET/S2-3
  * SP 20JUL/AASU/SELK1394Z-WYBFWB
```

▶ 2번 승객을 분리했더니 2번 승객과 연결된 전화번호와 특별기내식이 그대로 있는 것을 확인할 수 있다.

PNR Split 실습 1

조건	Entry
1. 승객 　1) 본인 　2) SEO/NARA(여아, 2023, 7,29, 보호자 본인) 　3) HONG/SUNGROK MR **2. 여정 : 예약완료 7일후 발권** 　1/13 서울/발리(DENPARSAR BALI) KE629 (　　) CLASS 　4/15 자카르타(JAKARTA)/서울 KE628 (　　) CLASS **3. 전화번호** 　1) 여행사 02-730-2300 GOGO TOUR 　2) 본인 핸드폰번호 **4. 요청사항 :** 　1) 본인 리턴 구간만 저자극식 신청 　2) 전 여정 유아식 신청 　3) 홍성록 전 여정 저지방식 신청 ≫ PNR ADDRESS	
5. 홍성록만 리턴 구간의 날짜를 4월 20일로 변경하시오. ≫ PNR ADDRESS	

PNR Split 실습 2

조건	Entry
1. 승객 　1) 본인 　2) YUN/HODONG MR 　3) KIL/HEECHUL(남아, 2023, 5, 16, 보호자 윤호동) 　4) HEO/KYUNGHUN(남아, 2020, 10,29) **2. 여정 : 예약완료 3일이내 발권** 　1/12 서울 / 쿠알라룸푸르 KE671 (　　) CLASS 　4/22 쿠알라룸푸르 / 서울 KE672 (　　) CLASS **3. 전화번호** 　1) 여행사 033-255-7866 YANG TOUR 　2) 본인 사무실 번호 329-7855 　3) 윤호동 핸드폰번호 010-7210-8970 **4. 요청사항** 　1) 본인 전 여정 해산물식 신청 　2) 윤호동 전 여정 채식 신청 　3) 전 여정 유아식 신청 　4) 전 여정 어린이식 신청 안함 **≫ PNR ADDRESS**	
5. 본인만 서울 출발구간의 날짜를 1월 15일로 변경하시오. **≫ PNR ADDRESS**	

PNR Split 실습 3

조건	Entry
1. 승객 　1) 본인 　2) HA/BOGEOM(남아, 2023, 2, 22) 　3) NOH/JUNYEOL(남아, 2017, 5, 19) 2. 여정 : 예약완료 7일후 발권 　12/20서울/세부(CEBU) KE615 (　　) CLASS 　6/26 세부/서울 KE616 (　　) CLASS 3. 전화번호 　1) 여행시 032-300-5000 LULU TOUR 　2) 본인 핸드폰번호 4. 요청사항 　1) 본인 리턴 구간만 당뇨식 신청 　2) 전 여정 유아식 신청 　3) 서울출발 구간만 어린이식 HAMBURGER 신청 　≫ PNR ADDRESS	
5. 노준열 승객만 취소하시오. 　≫ PNR ADDRESS	

PNR Split 실습 4

조건	Entry

1. 승객
   1) 본인
   2) KONG/JITAE MR
   3) MIN/BOYOUNG(여아, 2018, 7, 23)

2. 여정 : 예약완료 3일이내 발권
   1/12 서울/푸켓(PHUKET) KE663 (　　) CLASS
   5/19 방콕(BANGKOK)/서울 KE658 (　　) CLASS

3. 전화번호
   1) 여행사 02-527-3860 EUN TOUR
   2) 본인 핸드폰번호
   3) 공지태 집 번호 031-300-8845

4. 요청사항
   1) 본인 전 여정 채식 신청
   2) 공지태 서울출발 구간 저염식 신청
   3) 공지태 리턴 구간 해산물식 신청
   4) 어린이식 서울출발 구간만 SPAGHETTI 신청

   ≫ PNR ADDRESS

---

5. 공지태 승객만 리턴 구간을 KE654편으로 변경하시오.

   ≫ PNR ADDRESS

PNR Split 실습 5

조건	Entry
1. 승객 　1) 본인 　2) SONG/JUHO MR 　3) SONG/KUNHOO(남아, 2023, 3, 16, 보호자 송주호) 　4) SONG/NAEUN(여아, 2019, 10, 29) 2. 여정 : 예약완료 3일이내 발권 　12/3 서울/마닐라(MANILA) KE621 (　　) CLASS 　6/6 세부(CEBU)/ 서울 KE616 (　　) CLASS 3. 전화번호 　1) 여행사 02-750-5000 NANA TOUR 　2) 본인 핸드폰 입력 　3) 송주호 사무실 번호 031-230-7855 4. 요청사항 　1) 본인 전 여정 저열량식 신청 　2) 송주호 서울 출발구간 휠체어 신청 　3) 전 여정 유아식 신청 　4) 전 여정 아기바구니 신청 　5) 전 여정 어린이식 신청 ≫ PNR ADDRESS	
5. 유아 승객만 취소하시오.	
6. 본인만 서울-마닐라 구간의 편수를 KE623 편으로 변경하시오. ≫ PNR ADDRESS	

PNR Split 실습 6

조건	Entry

1. 승객
   1) 본인
   2) YANG/SUHYUN(남아, 2016, 8, 23)

2. 여정 : 예약완료 10일후 발권
   1/12 서울/호치민(HO CHI MINH) KE475 (   ) CLASS
   5/16 호치민/서울 KE476 (   ) CLASS

3. 전화번호
   1) 여행사 032-320-5000 FUN TOUR
   2) 본인 핸드폰번호

4. 요청사항
   1) 본인 서울 출발 구간 해산물식 신청
   2) 본인 리턴 구간 당뇨식 신청
   3) 서울 출발구간 어린이식 HAMBURGER 신청
   4) 리턴 구간 어린이식 PIZZA 신청

   ≫ PNR ADDRESS

5. 어린이 승객만 취소하시오.

   ≫ PNR ADDRESS

PNR Split 실습 7

조건	Entry
1. 승객 　1) 본인 　2) SEOK/SOOHONG MR 　3) HONG/JUNGSOO(남아, 2023, 4, 19, 보호자 석수홍)	
2. 여정 : 예약완료 3일이내 발권 　2/19 서울/ 델리(DELHI) KE497 (　　) CLASS 　6/23 델리/서울 KE498 (　　) CLASS	
3. 전화번호 　1) 여행사 02-760-2500 HOHO TOUR 　2) 본인 핸드폰번호 　3) 석수홍 집 번호 032-890-6743	
4. 요청사항: 　1) 본인 리턴 구간 저지방식 신청 　2) 석수홍 전 여정 저염식 신청 　3) 전 여정 유아식 신청 **》》 PNR ADDRESS**	
5. 본인 리턴 구간의 날짜를 6월 26일로 변경하시오. **》》 PNR ADDRESS**	

PNR Split 실습 8

조건	Entry

1. 승객
   1) 본인
   2) JI/SEUNGWON MR
   3) PARK/HOJUN(남아, 2016, 5, 23)

2. 여정 : 예약완료 10일후 발권
   1/6 서울/싱가폴(SINGAPORE) KE643 (　　) CLASS
   4/10 싱가폴 / 서울 KE644 (　　) CLASS

3. 전화번호
   1) 여행사 031-300-5000 MUMU TOUR
   2) 지승원 핸드폰번호 010-7210-8970

4. 요청사항
   1) 본인 리턴 구간 채식 신청
   2) 지승원 전 여정 해산물식 신청
   3) 서울 출발구간 어린이식 SEAWEED ROLL 신청

   ≫ PNR ADDRESS

5. 지승원 서울 출발구간 날짜를 1월 5일로 변경하시오.

   ≫ PNR ADDRESS

NHP(Non Homogeneous PNR)

- PNR 작성 시 특정 여정을 전체 승객이 아닌 일부 승객만 이용하는 경우 사용하는 기능이다.
- 승객 수와 좌석 수가 일치하지 않는 여정에 대해 그 여정을 사용할 승객을 연결하여 PNR을 작성한다.
- PNR을 완성하면 AXR(Associated Cross Reference) 과 NHP 코드가 생성된다.
- 단체 PNR은 적용되지 않는다.

1 NHP 사례

(1) 승객	① LEE/DAEHAN MR ② NA/YOUNGSIM MS
(2) 여정	1월 20일 SEL-JKT KE627 M Class 2월 23일 JKT-SEL KE628 M Class (JKT-SEL 구간은 NA/YOUNGSIM 승객만 이용)
(3) 전화번호	① 02-730-7766 GOGO TOUR ② 이대한 휴대폰 번호 010-3210-8955

2 NHP 절차

(1) PNR 작성

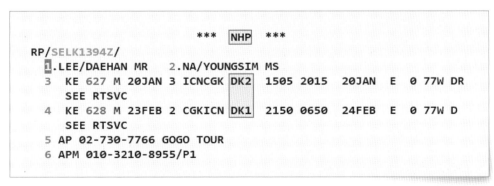

```
                  ***  NHP  ***
RP/SELK1394Z/
 1.LEE/DAEHAN MR    2.NA/YOUNGSIM MS
 3  KE 627 M 20JAN 3 ICNCGK DK2  1505 2015  20JAN  E  0 77W DR
    SEE RTSVC
 4  KE 628 M 23FEB 2 CGKICN DK1  2150 0650  24FEB  E  0 77W D
    SEE RTSVC
 5 AP 02-730-7766 GOGO TOUR
 6 APM 010-3210-8955/P1
```

▶ 3번 여정은 전 승객이 이용하므로 2개의 좌석을, 4번 여정은 나영심 승객만 이용하므로 1개의 좌석이 잡혀 있다. 승객 수와 좌석 수가 일치하지 않아 NHP코드가 생성되어 있다.

(2) 여정에 승객번호 연결

- 승객 수와 좌석 수가 일치하지 않은 4번 여정에 2번 승객번호 연결

```
                        4/P2
```

```
 >  4/P2

                      ***  NHP  ***
RP/SELK1394Z/
 1.LEE/DAEHAN MR    2.NA/YOUNGSIM MS
 3   KE 627 M 20JAN 3 ICNCGK DK2  1505 2015  20JAN  E  0 77W DR
     SEE RTSVC
 4   KE 628 M 23FEB 2 CGKICN DK1  2150 0650  24FEB  E  0 77W D
     /P2
     SEE RTSVC
 5 AP 02-730-7766 GOGO TOUR
 6 APM 010-3210-8955/P1
```

▶ 4번 여정에 2번 승객이 연결되었다.

(3) 완료

```
 >  ER

 WARNING: KE REQUIRES TICKET ON OR BEFORE 04AUG:1900/S3-4
 *TRN*

 >  ER

   AXR FOR PNR:                          ***NHP*** 21JUL 0012
   1.LEE/DAEHAN M- 1    WZVPVZ
   2.NA/YOUNGSIM - 1    WZVQOB
```

▶ 완료된 PNR이 서로 언급되어 있으므로 AXR 코드 생성
   승객 수와 좌석 수가 일치하지 않은 상태에서 PNR을 작성했으므로 NHP 코드 생성되어 있으며 NHP 작성한 날짜와
   시간은 7월 21일 0시 12분이다.

> ● 시간 확인 0012는 한국시간
>
> - 0012Z 알파벳 Z은 GMT 시간

(4) NHP 작성 PNR 조회

RT1 ➡ RT2

```
>  RT1

--- AXR RLR ---
RP/SELK1394Z/SELK1394Z              AA/SU  20JUL20/1512Z   WZVPVZ
4210-8955
  1.LEE/DAEHAN MR
  2  KE 627 M 20JAN 3 ICNCGK HK1  1505 2015   20JAN  E  KE/WZVPVZ
  3 AP 02-730-7766 GOGO TOUR
  4 APM 010-3210-8955
  5 TK OK20JUL/SELK1394Z
  6 OPW SELK1394Z-03AUG:1900/1C7/KE REQUIRES TICKET ON OR BEFORE
       04AUG:1900/S2
  7 OPC SELK1394Z-04AUG:1900/1C8/KE CANCELLATION DUE TO NO
       TICKET/S2
* SP 20JUL/AASU/SELK1394Z-NHP PROC
```

SP	분리되었음(NHP 기능을 이용한 자동 분리)
20JUL	NHP 작성 날짜
AASU	NHP 작업한 직원의 코드
SELK1394Z	NHP 작업한 회사의 Office ID
NHP PROC	NHP가 처리되었다.(NHP Processed)

```
>  RT2

--- AXR RLR ---
RP/SELK1394Z/SELK1394Z              AA/SU  20JUL20/1512Z   WZVQOB
3730-7766
  1.NA/YOUNGSIM MS
  2  KE 627 M 20JAN 3 ICNCGK HK1  1505 2015   20JAN  E  KE/WZVQOB
  3  KE 628 M 23FEB 2 CGKICN HK1  2150 0650   24FEB  E  KE/WZVQOB
  4 AP 02-730-7766 GOGO TOUR
  5 TK OK20JUL/SELK1394Z
  6 OPW SELK1394Z-03AUG:1900/1C7/KE REQUIRES TICKET ON OR BEFORE
       04AUG:1900/S2-3
  7 OPC SELK1394Z-04AUG:1900/1C8/KE CANCELLATION DUE TO NO
       TICKET/S2-3
* SP 20JUL/AASU/SELK1394Z-NHP PROC
```

(5) 연결된 PNR 조회

RTAXR ➡ RT1 ➡ RT2

```
>  RTAXR

   AXR FOR PNR:                              WZVQOB    21JUL 0036
   1.LEE/DAEHAN M- 1    WZVPVZ
   2.NA/YOUNGSIM - 1        *
```

```
>  RT1

--- AXR RLR ---
RP/SELK1394Z/SELK1394Z              AA/SU  20JUL20/1512Z   WZVPVZ
4210-8955
  1.LEE/DAEHAN MR
  2   KE 627 M 20JAN 3 ICNCGK HK1  1505 2015  20JAN  E  KE/WZVPVZ
  3 AP 02-730-7766 GOGO TOUR
  4 APM 010-3210-8955
  5 TK OK20JUL/SELK1394Z
  6 OPW SELK1394Z-03AUG:1900/1C7/KE REQUIRES TICKET ON OR BEFORE
       04AUG:1900/S2
  7 OPC SELK1394Z-04AUG:1900/1C8/KE CANCELLATION DUE TO NO
       TICKET/S2
  * SP 20JUL/AASU/SELK1394Z-NHP PROC
```

```
>  RT2

--- AXR RLR ---
RP/SELK1394Z/SELK1394Z              AA/SU  20JUL20/1512Z   WZVQOB
3730-7766
  1.NA/YOUNGSIM MS
  2   KE 627 M 20JAN 3 ICNCGK HK1  1505 2015  20JAN  E  KE/WZVQOB
  3   KE 628 M 23FEB 2 CGKICN HK1  2150 0650  24FEB  E  KE/WZVQOB
  4 AP 02-730-7766 GOGO TOUR
  5 TK OK20JUL/SELK1394Z
  6 OPW SELK1394Z-03AUG:1900/1C7/KE REQUIRES TICKET ON OR BEFORE
       04AUG:1900/S2-3
  7 OPC SELK1394Z-04AUG:1900/1C8/KE CANCELLATION DUE TO NO
       TICKET/S2-3
  * SP 20JUL/AASU/SELK1394Z-NHP PROC
```

NHP 실습

실습1)	Entry
▶ 본인은 왕복 　성연아는 서울출발 구간만 편도로 예약 　(편도구간의 Booking Class 확인 필요) 1. 승객 　1) 본인　　　2) SUNG/YUNA MS 2. 여정 : 예약완료 후 7일후 발권 　2/27 서울/대만(TAIPEI) KE691 (　　) CLASS 　5/29 대만/서울　KE692 (　　) CLASS 3. 전화번호 　1) 여행사 711-1000 GOGO TOUR 　2) 본인 핸드폰 번호 입력 　≫ PNR ADDRESS	

실습2)	Entry
▶ 봉태환은 리턴 구간 1일후 출발 여정으로 작성 1. 승객 　1) 본인 　2) BONG/TAEHWAN MR 2. 여정 : 예약완료 3일이내 발권 　7/20 서울/마닐라(MANILA) KE621 (　　) CLASS 　11/27 마닐라/서울 KE622 (　　) CLASS → 본인 　11/28 마닐라/서울 KE624 (　　) CLASS → 봉태환 3. 전화번호 　1) 여행사 333-9999 LALA TOUR 　2) 본인 핸드폰 번호 입력 4. 요청사항 　1) 본인 리턴 구간 휠체어 신청 　2) 봉태환 전 여정 저열량식 신청 　≫ PNR ADDRESS	

03 PNR Copy

• 완성된 PNR을 조회해서 해당PNR의 Element를 전체 또는 부분적으로 Copy하여 새로운 PNR을 작성하는 편리한 기능이다.

1 Copy Entry

Entry	영 문	설 명
RRI	Record Replica Itinerary	여정만 Copy
RRN	Record Replica No name	이름만 제외하고 Copy = 여정과 전화번호 Copy
RRP	Record Replica Passenger	여정을 제외한 승객정보 Copy = 승객의 이름과 전화번호, 기내식 Copy
RRA	RRN(여정과 전화번호) + AXR 정보	(여정과 전화번호) + AXR 정보

2 RRI

• 조회한 PNR의 여정만 Copy된다.

> RT 45007866

```
> RT45007866

--- RLR ---
RP/SELK1394Z/SELK1394Z              AA/SU  21JUL20/0832Z    WYBFWB
4500-7866
  1.LEE/DAEHAN MR    2.NA/MINKUK MR
  3  KE 603 M 15FEB 1 ICNHKG HK2  0820 1120  15FEB  E  KE/WYBFWB
  4  KE 604 M 25FEB 4 HKGICN HK2  1235 1705  25FEB  E  KE/WYBFWB
  5 AP 02-777-9056 GOGO TOUR
  6 APH 031-780-8966/P2
  7 APM 010-4500-7866/P1
  8 TK OK20JUL/SELK1394Z
  9 SSR VGML KE HK1/S3/P1
 10 SSR VGML KE HK1/S4/P1
```

| RRI | → | RRI | Record Replica Itinerary |

```
>  RRI

 -IGNORED WYBFWB-
 RP/SELK1394Z/
    1   KE 603 M 15FEB 1 ICNHKG DK2  0820 1120  15FEB  E  0 333 B
        SEE RTSVC
    2   KE 604 M 25FEB 4 HKGICN DK2  1235 1705  25FEB  E  0 333 L
        SEE RTSVC
```

▶ 조회한 PNR은 IGNORED 되었고 2개 좌석의 여정만 Copy되었다.
  승객의 이름과 전화번호 등 필요한 사항을 입력하고 완료하면 새로운 PNR 작성이 가능하다.

| RRI/3 | → | RRI | Record Replica Itinerary |
| | | /3 | Slash 수정부호 3좌석 |

```
>  RRI/3

 -IGNORED WYBFWB-
 RP/SELK1394Z/
    1   KE 603 M 15FEB 1 ICNHKG DK3  0820 1120  15FEB  E  0 333 B
        SEE RTSVC
    2   KE 604 M 25FEB 4 HKGICN DK3  1235 1705  25FEB  E  0 333 L
        SEE RTSVC
```

▶ 조회한 PNR의 2좌석에서 3좌석으로 변경되어 여정만 Copy되었다.

RRI/CH	→	RRI	Record Replica Itinerary
		/	Slash 수정부호
		CH	Class H

```
>  RRI/CH

 -IGNORED WYBFWB-
 RP/SELK1394Z/
    1   KE 603 H 15FEB 1 ICNHKG DK2  0820 1120  15FEB  E  0 333 B
        SEE RTSVC
    2   KE 604 H 25FEB 4 HKGICN DK2  1235 1705  25FEB  E  0 333 L
        SEE RTSVC
```

▶ 조회한 PNR의 M Class에서 H Class로 변경되어 여정만 Copy되었다.

3 RRN

- 이름을 제외하고 여정과 여행사 전화번호 Copy

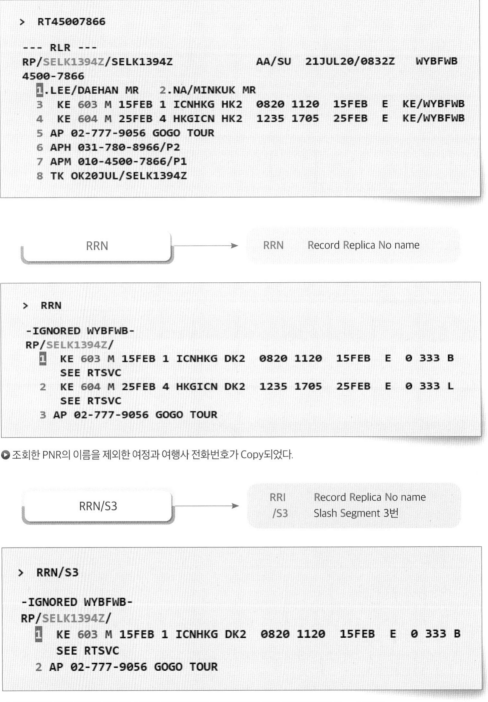

```
>  RT45007866

--- RLR ---
RP/SELK1394Z/SELK1394Z              AA/SU   21JUL20/0832Z    WYBFWB
4500-7866
  1.LEE/DAEHAN MR    2.NA/MINKUK MR
  3   KE 603 M 15FEB 1 ICNHKG HK2  0820 1120   15FEB   E   KE/WYBFWB
  4   KE 604 M 25FEB 4 HKGICN HK2  1235 1705   25FEB   E   KE/WYBFWB
  5 AP 02-777-9056 GOGO TOUR
  6 APH 031-780-8966/P2
  7 APM 010-4500-7866/P1
  8 TK OK20JUL/SELK1394Z
```

| RRN | | RRN | Record Replica No name |

```
>  RRN

-IGNORED WYBFWB-
RP/SELK1394Z/
  1   KE 603 M 15FEB 1 ICNHKG DK2   0820 1120   15FEB   E   0 333 B
      SEE RTSVC
  2   KE 604 M 25FEB 4 HKGICN DK2   1235 1705   25FEB   E   0 333 L
      SEE RTSVC
  3 AP 02-777-9056 GOGO TOUR
```

▶ 조회한 PNR의 이름을 제외한 여정과 여행사 전화번호가 Copy되었다.

| RRN/S3 | | RRI | Record Replica No name |
| | | /S3 | Slash Segment 3번 |

```
>  RRN/S3

-IGNORED WYBFWB-
RP/SELK1394Z/
  1   KE 603 M 15FEB 1 ICNHKG DK2   0820 1120   15FEB   E   0 333 B
      SEE RTSVC
  2 AP 02-777-9056 GOGO TOUR
```

▶ 조회한 PNR의 이름을 제외한 여행사 전화번호와 일부 여정인 ICN-HKG구간만 Copy되었다.

> 🕒 일부 여정의 날짜 변경 Copy도 가능
· 먼저 Copy할 PNR을 조회한 후 처리할 수 있다.

```
>  RT45007866

--- AXR RLR ---
RP/SELK1394Z/SELK1394Z              AA/SU  21JUL20/1049Z   WYBFWB
4500-7866
  1.LEE/DAEHAN MR    2.NA/MINKUK MR
  3  KE 603 M 15FEB 1 ICNHKG HK2  0820 1120  15FEB  E  KE/WYBFWB
  4  KE 604 M 25FEB 4 HKGICN HK2  1235 1705  25FEB  E  KE/WYBFWB
  5 AP 02-777-9056 GOGO TOUR
  6 APH 031-780-8966/P2
  7 APM 010-4500-7866/P1
  8 TK OK20JUL/SELK1394Z
  9 SSR VGML KE HK1/S3/P1
 10 SSR VGML KE HK1/S4/P1
```

RRN/S3D17FEB/3 ⟶

RRN	Record Replica No name
/S3	Slash Segment 3
D17FEB	Departure date
3	변경하고자 하는 좌석 수

```
>  RRN/S3D17FEB/3

-IGNORED WYBFWB-
RP/SELK1394Z/
  1  KE 603 M 17FEB 3 ICNHKG DK3  0820 1120  17FEB  E  0 333 B
     SEE RTSVC
  2  KE 604 M 25FEB 4 HKGICN DK3  1235 1705  25FEB  E  0 333 L
     SEE RTSVC
  3 AP 02-777-9056 GOGO TOUR
```

🕒 조회한 PNR의 3번 여정의 날짜가 2월 15일에서 2월 17일로 변경되어 Copy되었다.
또한 좌석 수도 기존의 2좌석에서 3개의 좌석으로 변경됨을 확인할 수 있다.

4 RRP

- 여정을 제외한 승객정보 Copy(승객의 이름과 전화번호, 기내식 Copy)

```
   RRP              ⟶      RRP      Record Replica Passenger
```

```
>  RRP

-IGNORED WYBFWB-
RP/SELK1394Z/
  1.LEE/DAEHAN MR    2.NA/MINKUK MR
  3 AP 02-777-9056 GOGO TOUR
  4 APH 031-780-8966/P2
  5 APM 010-4500-7866/P1
  6 SSR VGML YY NN1/P1
```

▶ 여정을 제외한 승객관련 정보인 이름, 전화번호, 특별기내식이 Copy되었다.
  특별기내식은 여정을 작성하면 해당 항공사의 응답을 받을 수 있다.

🖐 여정 작성

```
       SSKE651M10MARSELBKK2 ➡ ER ➡ ER
```

```
--- RLR ---
RP/SELK1394Z/SELK1394Z            AA/SU  21JUL20/1039Z    J7LF6I
6500-7866
  1.LEE/DAEHAN MR    2.NA/MINKUK MR
  3  KE 651 M 10MAR 3 ICNBKK HK2  1720 2130  10MAR  E  KE/J7LF6I
  4 AP 02-777-9056 GOGO TOUR
  5 APH 031-780-8966/P2
  6 APM 010-4500-7866/P1
  7 TK OK21JUL/SELK1394Z
  8 SSR VGML KE HK1/S3/P1
```

▶ 새로운 여정을 작성하고 완료하니 8번 Element에 채식이 KE로부터 OK응답을 받았다.

5 RRA

- RRN(이름을 제외한 여정과 전화번호 Copy) + AXR 코드 생성

```
>  RT45007866

--- RLR ---
RP/SELK1394Z/SELK1394Z              AA/SU  21JUL20/0832Z   WYBFWB
4500-7866
  1.LEE/DAEHAN MR   2.NA/MINKUK MR
  3  KE 603 M 15FEB 1 ICNHKG HK2  0820 1120  15FEB  E  KE/WYBFWB
  4  KE 604 M 25FEB 4 HKGICN HK2  1235 1705  25FEB  E  KE/WYBFWB
  5 AP 02-777-9056 GOGO TOUR
  6 APH 031-780-8966/P2
  7 APM 010-4500-7866/P1
  8 TK OK20JUL/SELK1394Z
  9 SSR VGML KE HK1/S3/P1
 10 SSR VGML KE HK1/S4/P1
```

```
         RRA                  ──▶   RRA     Record Replica AXR
```

```
>  RRA

-IGNORED WYBFWB-
RP/SELK1394Z/
  1  KE 603 M 15FEB 1 ICNHKG DK2  0820 1120  15FEB  E  0 333 B
     SEE RTSVC
  2  KE 604 M 25FEB 4 HKGICN DK2  1235 1705  25FEB  E  0 333 L
     SEE RTSVC
  3 AP 02-777-9056 GOGO TOUR
 *  RR 21JUL/AASU/SELK1394Z-WYBFWB
```

▶ 승객의 이름을 제외한 여정과 전화번호가 Copy되었고 조회한 PNR이 연결되어 있다.

RR	Record Replica 예약기록이 복사되었음을 의미하는 코드
21JUL	Copy를 실행한 날짜
AASU	Copy를 실행한 직원의 코드
SELK1394Z	Copy를 실행한 Office ID
WYBFWB	Copy하기 위해 조회한 PNR이 언급되어 있음

NM1KIM/SUHEE,MS 1PARK/SUJI,MS ➡ ER ➡ ER

```
> NM1KIM/SUHEE,MS1PARK/SUJI,MS

-REPLICATED PNR-
RP/SELK1394Z/
  1.KIM/SUHEE MS    2.PARK/SUJI MS
  3  KE 603 M 15FEB 1 ICNHKG DK2  0820 1120  15FEB  E  0 333 B
     SEE RTSVC
  4  KE 604 M 25FEB 4 HKGICN DK2  1235 1705  25FEB  E  0 333 L
     SEE RTSVC
  5 AP 02-777-9056 GOGO TOUR
  * RR 21JUL/AASU/SELK1394Z-WYBFWB
```

```
> ER

RESERVATION NUMBER BASED ON PHONE:2777-9056
WARNING: KE REQUIRES TICKET ON OR BEFORE 04AUG:1900/S3-4
*TRN*

> ER

--- AXR RLR ---
RP/SELK1394Z/SELK1394Z              AA/SU  21JUL20/1049Z   J7NXCW
2777-9056
 1.KIM/SUHEE MS    2.PARK/SUJI MS
 3  KE 603 M 15FEB 1 ICNHKG HK2  0820 1120  15FEB  E  KE/J7NXCW
 4  KE 604 M 25FEB 4 HKGICN HK2  1235 1705  25FEB  E  KE/J7NXCW
 5 AP 02-777-9056 GOGO TOUR
 6 TK OK21JUL/SELK1394Z
 7 OPW SELK1394Z-03AUG:1900/1C7/KE REQUIRES TICKET ON OR BEFORE
       04AUG:1900/S3-4
 8 OPC SELK1394Z-04AUG:1900/1C8/KE CANCELLATION DUE TO NO
       TICKET/S3-4
 * RR 21JUL/AASU/SELK1394Z-WYBFWB
```

▶ 완성한 PNR 좌측 상단에 AXR 코드가 반영되어 있다. 우측 하단에 연결된 PNR도 확인 가능

PNR Copy 실습

▶ PNR 작성	

1. 승객
   1) 본인

2. 여정 : 예약완료 3일이내 발권
   1/25 서울/베이징(BEIJING) KE 853 (　　) CLASS
   3/30 베이징/서울 KE854 (　　) CLASS

3. 전화번호
   1) 1588-2001 KE
   2) 본인 핸드폰번호

   ≫ PNR ADDRESS

▶ 본인과 여정만 동일하게 PNR 작성 / COPY	

1) LEE/CHANHO MR 승객 이름 추가
2) 이찬호 핸드폰 번호 010-3258-4790
3) 이찬호 서울 출발구간만 저지방식 신청

   ≫ PNR ADDRESS

▶ 이찬호 승객 다른 여정으로 PNR 작성 / COPY	

★ 발권 조건 : 예약완료 5일후 발권

4/15 서울/삿포로(SAPPORO) KE795 (　　) CLASS
6/25 삿포로/서울 KE796 (　　) CLASS

   ≫ PNR ADDRESS

04 PNR 공유

1 ES

- Extended Security
- PNR을 작성한 Office에서 PNR 조회, 수정, 발권이 가능하다.
- 따라서 타 Office로 발권 등의 작업을 요청하기 위해서는 타 Office로 PNR을 전송해서 서로 공유해야 한다. 즉, 타 Office에 PNR을 처리할 수 있는 권한을 부여해 줘야 한다.

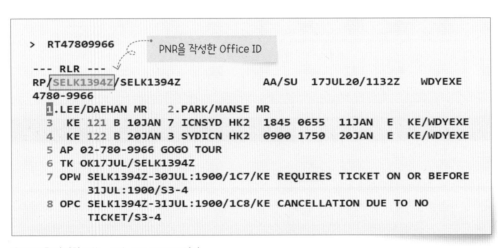

▶ PNR을 작성한 Office ID는 SELK1394Z이다.
  이 Office ID를 가지고 있는 회사에서만 해당 PNR을 조회, 수정, 발권할 수 있다.

2 ES Entry

Entry	설명
ES SELK13900-R	Office ID SELK13900의 회사에게 PNR 조회 권한 부여(Read Only)
ES SELK13900-T	PNR 발권 권한 부여(Ticketing)
ES SELK13900-B	PNR 모든 권한(조회, 수정, 발권) 부여 (Both Read, Write and Ticketing)
ESX	ES Element 삭제
RTE	ES Element 조회

3 ES 실행

(1) PNR 조회

```
>  RT47809966

--- RLR ---
RP/SELK1394Z/SELK1394Z              AA/SU   17JUL20/1132Z    WDYEXE
4780-9966
  1.LEE/DAEHAN MR    2.PARK/MANSE MR
  3  KE 121 B 10JAN 7 ICNSYD HK2  1845 0655   11JAN  E  KE/WDYEXE
  4  KE 122 B 20JAN 3 SYDICN HK2  0900 1750   20JAN  E  KE/WDYEXE
  5 AP 02-780-9966 GOGO TOUR
  6 TK OK17JUL/SELK1394Z
```

(2) ES 실행

ES SELK13900-T

ES   Extended Security
SELK13900   타 Office ID
-T   - Ticketing 권한 부여

```
>ES SELK13900-T

--- RLR ---
RP/SELK1394Z/SELK1394Z              AA/SU   17JUL20/1132Z    WDYEXE
4780-9966
  1.LEE/DAEHAN MR    2.PARK/MANSE MR
  3  KE 121 B 10JAN 7 ICNSYD HK2  1845 0655   11JAN  E  KE/WDYEXE
  4  KE 122 B 20JAN 3 SYDICN HK2  0900 1750   20JAN  E  KE/WDYEXE
  5 AP 02-780-9966 GOGO TOUR
  6 TK OK17JUL/SELK1394Z
  7 OPW SELK1394Z-30JUL:1900/1C7/KE REQUIRES TICKET ON OR BEFORE
        31JUL:1900/S3-4
  8 OPC SELK1394Z-31JUL:1900/1C8/KE CANCELLATION DUE TO NO
        TICKET/S3-4
  * ES/G T SELK13900
```

▶ Office ID SELK13900으로 발권 권한이 부여되었다.

```
┌─────────────────────────────┐
│           ER                │
└─────────────────────────────┘

┌─────────────────────────────────────────────────────────────────────────┐
│  >ER                                                                      │
│  --- RLR ---                                                              │
│  RP/SELK1394Z/SELK1394Z              AA/SU  22JUL20/0242Z   WDYEXE        │
│  4780-9966                                                                │
│    1.LEE/DAEHAN MR    2.PARK/MANSE MR                                      │
│    3  KE 121 B 10JAN 7 ICNSYD HK2  1845 0655  11JAN  E  KE/WDYEXE         │
│    4  KE 122 B 20JAN 3 SYDICN HK2  0900 1750  20JAN  E  KE/WDYEXE         │
│    5 AP 02-780-9966 GOGO TOUR                                             │
│    6 TK OK17JUL/SELK1394Z                                                 │
│    7 OPW SELK1394Z-30JUL:1900/1C7/KE REQUIRES TICKET ON OR BEFORE        │
│          31JUL:1900/S3-4                                                  │
│    8 OPC SELK1394Z-31JUL:1900/1C8/KE CANCELLATION DUE TO NO              │
│          TICKET/S3-4                                                      │
│  * ┌──────────────────────────────────────┐                              │
│    │ ES/G 22JUL/AASU/SELK1394Z            │                              │
│    │ SELK13900-T                          │                              │
│    └──────────────────────────────────────┘                              │
└─────────────────────────────────────────────────────────────────────────┘
```

ES/G	ES/Guarantee
22JUL	ES 실행 날짜
AASU	ES 실행한 직원의 코드
SELK1394Z	ES 실행한 Office ID
SELK13900-T	ES Ticketing 권한부여 받은 Office ID

(3) ES 조회

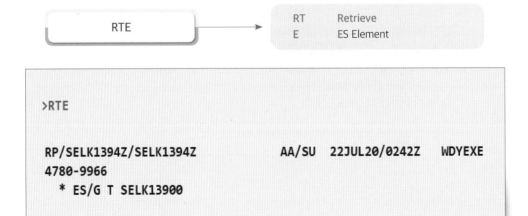

```
┌─────────────────────────────┐                    ┌──────────────────────────────┐
│           RTE               │ ───────────────▶   │  RT    Retrieve              │
└─────────────────────────────┘                    │  E     ES Element            │
                                                    └──────────────────────────────┘
```

```
┌─────────────────────────────────────────────────────────────────────────┐
│                                                                           │
│  >RTE                                                                     │
│                                                                           │
│                                                                           │
│  RP/SELK1394Z/SELK1394Z              AA/SU  22JUL20/0242Z   WDYEXE        │
│  4780-9966                                                                │
│    * ES/G T SELK13900                                                     │
│                                                                           │
└─────────────────────────────────────────────────────────────────────────┘
```

▶ ES Element 만 조회되었다.

(4) ES 삭제

ESX ──→ ES   Extended Security
         X   Cancel

```
--- RLR ---
RP/SELK1394Z/SELK1394Z              AA/SU   22JUL20/0242Z    WDYEXE
4780-9966
  1.LEE/DAEHAN MR    2.PARK/MANSE MR
  3  KE 121 B 10JAN 7 ICNSYD HK2  1845 0655   11JAN  E  KE/WDYEXE
  4  KE 122 B 20JAN 3 SYDICN HK2  0900 1750   20JAN  E  KE/WDYEXE
  5 AP 02-780-9966 GOGO TOUR
  6 TK OK17JUL/SELK1394Z
  7 OPW SELK1394Z-30JUL:1900/1C7/KE REQUIRES TICKET ON OR BEFORE
        31JUL:1900/S3-4
  8 OPC SELK1394Z-31JUL:1900/1C8/KE CANCELLATION DUE TO NO
        TICKET/S3-4
  * ES/G 22JUL/AASU/SELK1394Z
    SELK13900-T
```

```
>ESX
--- RLR ---
RP/SELK1394Z/SELK1394Z              AA/SU   22JUL20/0242Z    WDYEXE
4780-9966
  1.LEE/DAEHAN MR    2.PARK/MANSE MR
  3  KE 121 B 10JAN 7 ICNSYD HK2  1845 0655   11JAN  E  KE/WDYEXE
  4  KE 122 B 20JAN 3 SYDICN HK2  0900 1750   20JAN  E  KE/WDYEXE
  5 AP 02-780-9966 GOGO TOUR
  6 TK OK17JUL/SELK1394Z
  7 OPW SELK1394Z-30JUL:1900/1C7/KE REQUIRES TICKET ON OR BEFORE
        31JUL:1900/S3-4
  8 OPC SELK1394Z-31JUL:1900/1C8/KE CANCELLATION DUE TO NO
        TICKET/S3-4
```

◐ ES Element 가 삭제된 것을 확인할 수 있다.

ER

◐ ER로 저장 작업을 해야 전송한 ES를 취소할 수 있다.

ES SELK13900-B ➡ ER

```
>ES SELK13900-B
--- RLR ---
RP/SELK1394Z/SELK1394Z          AA/SU  22JUL20/0303Z   WDYEXE
4780-9966
  1.LEE/DAEHAN MR   2.PARK/MANSE MR
  3  KE 121 B 10JAN 7 ICNSYD HK2  1845 0655  11JAN E  KE/WDYEXE
  4  KE 122 B 20JAN 3 SYDICN HK2  0900 1750  20JAN E  KE/WDYEXE
  5 AP 02-780-9966 GOGO TOUR
  6 TK OK17JUL/SELK1394Z
```

```
>ER
--- RLR ---
RP/SELK1394Z/SELK1394Z          AA/SU  22JUL20/0350Z   WDYEXE
4780-9966
  1.LEE/DAEHAN MR   2.PARK/MANSE MR
  3  KE 121 B 10JAN 7 ICNSYD HK2  1845 0655  11JAN E  KE/WDYEXE
  4  KE 122 B 20JAN 3 SYDICN HK2  0900 1750  20JAN E  KE/WDYEXE
  5 AP 02-780-9966 GOGO TOUR
  6 TK OK17JUL/SELK1394Z
  7 OPW SELK1394Z-30JUL:1900/1C7/KE REQUIRES TICKET ON OR BEFORE
        31JUL:1900/S3-4
  8 OPC SELK1394Z-31JUL:1900/1C8/KE CANCELLATION DUE TO NO
        TICKET/S3-4
* ES/G 22JUL/AASU/SELK1394Z
  SELK13900-B
```

4 EOS

- Extended Ownership Security
- 동일 회사의 본점과 지점은 Office ID가 다르다. 따라서 본점과 지점이 PNR을 공유할 수 있는 기능이다.
- 자동으로 본점과 지점이 간의 쌍방향으로 EOS 기능이 부여된다.

PNR ES 실습

조건	Entry
1. 승객 　1) 본인 　2) KEE/MINHO MR 　3) JANG/GOEUN(여아, 2021, 5, 13, 보호자 기민호) 　4) YOO/DOHWAN(남아, 2016, 11, 19) 2. 여정 : 예약완료 7일후 발권 　2/15 서울/자카르타(JAKARTA) KE627 (　　) CLASS 　5/22 자카르타/서울 KE628 (　　) CLASS 3. 전화번호 　1) 여행사 02-746-8540 TATA TOUR 　2) 본인 집 번호 032-720-5210 　3) 기민호 핸드폰번호 010-3210-7327 4. 요청사항 　1) 본인 전여정 당뇨식 요청 　2) 기민호 서울 출발편만 저지방식 요청 　3) 전여정 유아식 요청 　4) 전여정 아기바구니 요청 　5) 어린이식 리턴편 HAMBURGER 요청 　≫ PNR ADDRESS	
5. 본인만 리턴 구간의 날짜를 5월 27일로 변경하시오. 　≫ PNR ADDRESS	
6. 본인 승객의 PNR을 Office ID SELK13900으로 모든 권한을 부여하여 공유하시오.	
7. PNR 공유를 취소하시오.	

Chapter 08

Group PNR 작성

Group 개요

1 Group의 구성 조건

- 성인 10명 이상의 인원이 왕복 여정을 동일 날짜에 같은 항공편을 이용하는 경우에 Group 운임 적용을 받는다.

- 어린이 2명은 성인 1명으로 간주한다.

- 하나의 PNR에는 시스템 상으로 99명까지 입력 가능하지만 원활한 Data 전송을 위해 최대 32명까지 예약하는 것을 권장한다.

2 Group의 형태

① PKG(Package)
- 항공사로부터 좌석을 먼저 확보한 후 고객을 모객하는 형태(여행사의 패키지 상품)

② INC(Incentive)
- 고객이 모객되어 있는 상태에서 항공사에 좌석을 확보하는 형태

3 Group 예약의 특성

(1) Amadeus(1A)를 사용하는 SUA는 TOPAS SellConnect에서 Group 예약 가능

① 1A SUA 조회 → GGPCAKE
- AF/AY/BA/BR/CI/CX/GA/KE/KL/LJ/MH/PR/SA/SQ/TG 등이 SUA이다.

Group PNR 작성

```
>GGPCAKE


PARTICIPATING CARRIER ACCESS AND FUNCTION LEVEL
KE  -  KOREAN AIR


                                    ALTEA RESERVATION :  YES
        ACCESS INDICATOR :  /      RECORD LOCATOR RETURN :  ALL
```

▶ KE는 ALTEA RESERVATION 항목에 YES로 되어 있는 1A SUA, TSC에서 Group 예약 가능

② 1A SUA가 아닌 항공사는 해당 항공사에 직접 Group 좌석 요청을 해야 한다.

```
>GGPCAVN


PARTICIPATING CARRIER ACCESS AND FUNCTION LEVEL
VN  -  VIETNAM AIRLINES


                                    ALTEA RESERVATION :
        ACCESS INDICATOR :  /      RECORD LOCATOR RETURN :  ALL
```

▶ VN은 1A SUA가 아니므로 VN 항공사에 직접 요청한다.

③ TSC에서 Group 예약 가능 여부

- SEL-KE-BKK-KE-SEL : TSC에서 Group 예약 가능
- SEL-KE-BKK-VN-HAN-KE-SEL : TSC에서 Group 예약 가능
- SEL-VN-HAN-VN-SEL : VN에 직접 요청

Group PNR 작성

1 필수 항목

항목	설 명	Entry
① 이름	No Name 입력	NG20 GOGO TOUR
② 여정 두가지방법 이용	Short Sell Entry	AN15FEBSELBKK/AKE→ SS20G1/SG
	Long Sell Entry	SSKE658G20FEBBKKSELSG20
③ 전화번호	여행사 전화번호	AP02-780-7788 GOGO TOUR
	인솔자 휴대폰 번호	APM-010-2300-5560 KIM/SUHEE MS
④ Group Fare	단체 적용 최소 인원 수	SR GRPF KE-GV10

2 Group PNR 작성

(1) 이름

• Group의 인원 수로 No name으로 입력

① No Name의 0번 Element

② 20명의 단체 총 인원 수

③ 단체 이름(Free Text 입력, 단체 이름이 LIG 보험사이면 LIG)

④ 실제 입력된 이름 수, 현재 입력된 이름은 없음

👆 KE의 단체 PNR을 작성하는 경우는 Group의 형태(PKG 또는 INC) 입력

Entry	설 명	
NG 20SELSM/GOGO TOUR/PKG	NG	Name Group
	20	단체의 총 인원 수
	SELSM	KE 서울 여객지점(단체좌석 담당 지점)
	GOGO TOUR	단체 이름
	PKG	패키지(Package)
NG 20SELSM/LIG/INC	LIG	단체 이름
	INC	인센티브(Incentive)

(2) 여정 작성

1 Short Sell Entry

AN15FEBSELBKK/AKE ➡ SS20G1/**SG**

SS	Segment Sell
20	단체 인원 수
G	KE Group booking class
1	Availability Line 번호
/SG	Slash Sell Group

AN15FEBSELBKK/AKE*20FEB ➡ SS20G1*11/**SG**

2 Long Sell Entry

SSKE657G15FEBSELBKK**SG**20

```
>SS20G1*13

RP/SELK1394Z/
  1  KE 657 G 15FEB 1 ICNBKK HN20 0915 1315  15FEB  E  0 77W M
     SEE RTSVC
  2  KE 658 G 20FEB 6 BKKICN HN20 2130 0445  21FEB  E  0 77W D
     SEE RTSVC
```

▶ Group 좌석을 SG로 요청하면 HN(Holding Need)로 반영된다.

(3) 전화번호 입력

```
AP02-780-7788 GOGO TOUR
APM-010-2300-5560 KIM/SUHEE MS
```

```
RP/SELK1394Z/
0. 20GOGO TOUR  NM: 0
  1  KE 657 G 15FEB 1 ICNBKK HN20 0915 1315  15FEB  E  0 77W M
     SEE RTSVC
  2  KE 658 G 20FEB 6 BKKICN HN20 2130 0445  21FEB  E  0 77W D
     SEE RTSVC
  3 AP 02-780-7788 GOGO TOUR
  4 APM 010-2300-5560 KIM/SUHEE MS
```

▶ 3, 4번 Element에 전화번호가 반영되었다.

(4) Group Fare 입력

```
SR GRPF KE-GV10
```

SR	Service Request
GRPF	Group 3자리 코드Fare
KE-	단체예약 항공사 -
GV	Group 2자리 코드
10	Group 최소 인원 수

```
>SR GRPF KE-GV10

RP/SELK1394Z/
0. 20GOGO TOUR  NM: 0
  1  KE 657 G 15FEB 1 ICNBKK HN20 0915 1315  15FEB  E  0 77W M
     SEE RTSVC
  2  KE 658 G 20FEB 6 BKKICN HN20 2130 0445  21FEB  E  0 77W D
     SEE RTSVC
  3 AP 02-780-7788 GOGO TOUR
  4 APM 010-2300-5560 KIM/SUHEE MS
  5 SSR GRPF KE GV10
```

▶ 5번 Element에 GRPF 사항이 반영되었다.

(5) 저장

```
                          ER
```

```
>ER
RESERVATION NUMBER BASED ON PHONE:3300-5560
*TRN*
>ER

--- RLR ---
RP/SELK1394Z/SELK1394Z              AA/SU  23JUL20/0506Z   JK3MQF
3300-5560
0. 20GOGOTOUR  NM: 0
  1  KE 657 G 15FEB 1 ICNBKK HN20 0915 1315  15FEB  E  KE/JK3MQF
  2  KE 658 G 20FEB 6 BKKICN HN20 2130 0445  21FEB  E  KE/JK3MQF
  3 AP 02-780-7788 GOGO TOUR
  4 APM 010-2300-5560 KIM/SUHEE MS
  5 TK OK23JUL/SELK1394Z
  6 SSR GRPF KE GV10
```

▶ Group PNR Address는 3300-5560 또는 JK3MQF이다.

(6) 이름 입력

```
      NM1LEE/DAEHAN,MR 1KIM/SUHEE,MS ⇒ ER
```

```
>NM1LEE/DAEHAN,MR 1KIM/SUHEE,MS

--- RLR ---
RP/SELK1394Z/SELK1394Z              AA/SU  23JUL20/0506Z   JK3MQF
3300-5560                             • 2명의 이름 입력되어 있음
0. 18GOGOTOUR  NM: 2  ←----
  3  KE 657 G 15FEB 1 ICNBKK HN20 0915 1315  15FEB  E  KE/JK3MQF
  4  KE 658 G 20FEB 6 BKKICN HN20 2130 0445  21FEB  E  KE/JK3MQF
  5 AP 02-780-7788 GOGO TOUR
  6 APM 010-2300-5560 KIM/SUHEE MS
  7 TK OK23JUL/SELK1394Z
  8 SSR GRPF KE GV10
```

▶ 0번 Element에는 No Name 18명, 그리고 2명의 실제 이름이 입력되었다.

(7) 이름 조회

1 이름만 조회

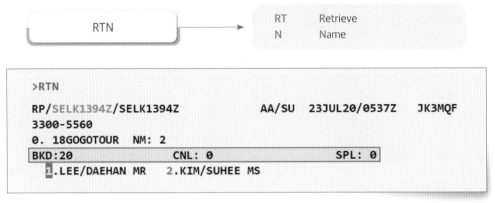

```
>RTN

RP/SELK1394Z/SELK1394Z          AA/SU   23JUL20/0537Z   JK3MQF
3300-5560
0. 18GOGOTOUR   NM: 2
BKD:20              CNL: 0                    SPL: 0
  1.LEE/DAEHAN MR    2.KIM/SUHEE MS
```

▶ 1, 2번 승객의 이름이 조회되었다.

BKD20	예약된 인원
CNL 0	Cancel 된 인원 0
SPL 0	Split 된 인원 0

2 이름 포함한 전체 PNR 조회

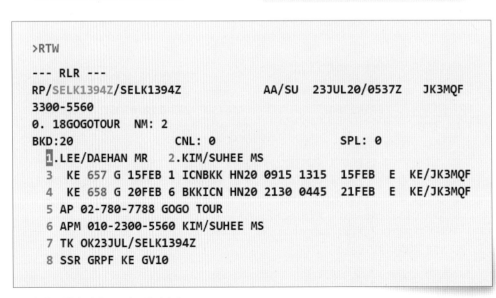

```
>RTW

--- RLR ---
RP/SELK1394Z/SELK1394Z          AA/SU   23JUL20/0537Z   JK3MQF
3300-5560
0. 18GOGOTOUR   NM: 2
BKD:20              CNL: 0                    SPL: 0
  1.LEE/DAEHAN MR    2.KIM/SUHEE MS
  3  KE 657 G 15FEB 1 ICNBKK HN20 0915 1315  15FEB  E  KE/JK3MQF
  4  KE 658 G 20FEB 6 BKKICN HN20 2130 0445  21FEB  E  KE/JK3MQF
  5 AP 02-780-7788 GOGO TOUR
  6 APM 010-2300-5560 KIM/SUHEE MS
  7 TK OK23JUL/SELK1394Z
  8 SSR GRPF KE GV10
```

▶ 이름을 포함한 전체 PNR이 조회되었다.

03 Group PNR 감원

- 작성된 Group PNR에서 취소가 발생되는 경우 해당 승객 수만큼 분리하여 취소한다.

Entry	설명
SP0.2	0번 Element의 No Name 2명 분리
SP0.5	0번 Element의 No Name 5명 분리
SP2	2번 승객 분리
SP0.3,2	0번 Element의 No Name 3명과 2번 승객 분리
SP0.4,2-4	0번 Element의 No Name 4명과 2번, 3번, 4번 승객 분리
SP0.5,2,4,6	0번 Element의 No Name 5명과 2번, 4번, 6번 승객 분리

1 No Name 분리

```
--- RLR ---
RP/SELK1394Z/SELK1394Z              AA/SU   23JUL20/0537Z    JK3MQF
3300-5560
0. 18GOGOTOUR   NM: 2
BKD:20              CNL: 0                    SPL: 0
 1.LEE/DAEHAN MR    2.KIM/SUHEE MS
   3  KE 657 G 15FEB 1 ICNBKK HN20 0915 1315   15FEB   E   KE/JK3MQF
   4  KE 658 G 20FEB 6 BKKICN HN20 2130 0445   21FEB   E   KE/JK3MQF
   5 AP 02-780-7788 GOGO TOUR
```

SP0.3

```
>SP0.3
--- RLR ---
-ASSOCIATE PNR-
RP/SELK1394Z/SELK1394Z              AA/SU   23JUL20/0537Z    XXXXXX
0.  3GOGOTOUR   NM: 0
BKD: 3             CNL: 0                    SPL: 0
 1   KE 657 G 15FEB 1 ICNBKK HN3   0915 1315   15FEB   E   KE/JK3MQF
 2   KE 658 G 20FEB 6 BKKICN HN3   2130 0445   21FEB   E   KE/JK3MQF
 3 AP 02-780-7788 GOGO TOUR
 4 APM 010-2300-5560 KIM/SUHEE MS
 5 TK OK23JUL/SELK1394Z
 6 SSR GRPF KE GV10
 7 SSR GRPS YY TCP 20 GOGOTOUR
 * SP 23JUL/AASU/SELK1394Z-JK3MQF
```

2 Group 감원 실습

• No Name 2명과 LEE/DAEHAN 승객, 총 3명 취소 요청받았다.

1 분리할 PNR 조회

> RT 33005560 ➡ RTW

```
>RT33005560

--- RLR ---
RP/SELK1394Z/SELK1394Z              AA/SU   23JUL20/0537Z    JK3MQF
3300-5560
0. 18GOGOTOUR   NM: 2
   3  KE 657 G 15FEB 1 ICNBKK HN20 0915 1315   15FEB   E  KE/JK3MQF
   4  KE 658 G 20FEB 6 BKKICN HN20 2130 0445   21FEB   E  KE/JK3MQF
   5 AP 02-780-7788 GOGO TOUR
   6 APM 010-2300-5560 KIM/SUHEE MS
   7 TK OK23JUL/SELK1394Z
   8 SSR GRPF KE GV10
```

▶ PNR 조회했으나 승객의 이름이 보이지 않아 RTW로 조회해야 한다.

```
> RTW

--- RLR ---
RP/SELK1394Z/SELK1394Z              AA/SU   23JUL20/0537Z    JK3MQF
3300-5560
0. 18GOGOTOUR   NM: 2
BKD:20              CNL: 0                    SPL: 0
 1.LEE/DAEHAN MR    2.KIM/SUHEE MS
   3  KE 657 G 15FEB 1 ICNBKK HN20 0915 1315   15FEB   E  KE/JK3MQF
   4  KE 658 G 20FEB 6 BKKICN HN20 2130 0445   21FEB   E  KE/JK3MQF
   5 AP 02-780-7788 GOGO TOUR
   6 APM 010-2300-5560 KIM/SUHEE MS
   7 TK OK23JUL/SELK1394Z
   8 SSR GRPF KE GV10
```

▶ 이대한 승객은 1번 승객임을 확인하였다.

2 No Name 2명과 LEE/DAEHAN 승객 분리

```
  SP0.2,1
```

```
>SP0.2,1

--- RLR ---
-ASSOCIATE PNR-
RP/SELK1394Z/SELK1394Z              AA/SU   23JUL20/0537Z   XXXXXX
0.  2GOGOTOUR   NM: 1
BKD: 3               CNL: 0               SPL: 0
  1.LEE/DAEHAN MR
  2  KE 657 G 15FEB 1 ICNBKK HN3  0915 1315  15FEB  E  KE/JK3MQF
  3  KE 658 G 20FEB 6 BKKICN HN3  2130 0445  21FEB  E  KE/JK3MQF
  4 AP 02-780-7788 GOGO TOUR
  5 APM 010-2300-5560 KIM/SUHEE MS
  6 TK OK23JUL/SELK1394Z
  7 SSR GRPF KE GV10
  8 SSR GRPS YY TCP 20 GOGOTOUR
  * SP 23JUL/AASU/SELK1394Z-JK3MQF
```

▶ No Name 2명과 이대한 승객이 분리된다.

3 Associate PNR 저장 및 Parent PNR 조회

```
  EF
```

```
>EF

--- RLR ---
-PARENT PNR-
RP/SELK1394Z/SELK1394Z              AA/SU   23JUL20/0537Z   JK3MQF
3300-5560
0. 16GOGOTOUR   NM: 1
BKD:20               CNL: 0               SPL: 3
  1.KIM/SUHEE MS
  2  KE 657 G 15FEB 1 ICNBKK HN17 0915 1315  15FEB  E  KE/JK3MQF
  3  KE 658 G 20FEB 6 BKKICN HN17 2130 0445  21FEB  E  KE/JK3MQF
  4 AP 02-780-7788 GOGO TOUR
  5 APM 010-2300-5560 KIM/SUHEE MS
  6 TK OK23JUL/SELK1394Z
  7 SSR GRPF KE GV10
  8 SSR GRPS YY TCP 20 GOGOTOUR
  * SP 23JUL/AASU/SELK1394Z-JKFY6Z
```

4 Parent PNR 저장

> ET

```
>ET
END OF TRANSACTION COMPLETE - JK3MQF - KE/3300-5560 SP-JKFY6Z - KE/4300-5560
```

▶ 분리된 New PNR은 JKFY6Z 또는 4300-5560 이다. 이 PNR을 조회하여 취소해야 한다.

5 분리된 New PNR 조회 후 취소

> RT 43005560 ➡ XI ➡ ER

```
>RT 43005560

--- AXR RLR ---
RP/SELK1394Z/SELK1394Z              AA/SU  23JUL20/0632Z    JKFY6Z
4300-5560
0.  2GOGOTOUR  NM: 1
  2  KE 657 G 15FEB 1 ICNBKK HN3  0915 1315  15FEB  E  KE/JKFY6Z
  3  KE 658 G 20FEB 6 BKKICN HN3  2130 0445  21FEB  E  KE/JKFY6Z
  4 AP 02-780-7788 GOGO TOUR
  5 APM 010-2300-5560 KIM/SUHEE MS
  6 TK OK23JUL/SELK1394Z
  7 SSR GRPF KE GV10
```

```
>XI

--- AXR RLR ---
RP/SELK1394Z/SELK1394Z              AA/SU  23JUL20/0632Z    JKFY6Z
4300-5560
0.  2GOGOTOUR  NM: 1
  2 AP 02-780-7788 GOGO TOUR
  3 APM 010-2300-5560 KIM/SUHEE MS
  4 TK OK23JUL/SELK1394Z
  * SP 23JUL/AASU/SELK1394Z-JK3MQF  ⟵⋯  Parent PNR
```

▶ 여정이 취소되었다. 이후 ER로 저장해야 한다.

6 Parent PNR 인원 수 조정

ⓐ PNR 조회

> RTJK3MQF 또는 RT33005560

```
>RTJK3MQF

--- AXR RLR ---
RP/SELK1394Z/SELK1394Z              AA/SU   23JUL20/0632Z    JK3MQF
3300-5560
0. 16GOGOTOUR   NM: 1
   2   KE 657 G 15FEB 1 ICNBKK HN17 0915 1315   15FEB  E  KE/JK3MQF
   3   KE 658 G 20FEB 6 BKKICN HN17 2130 0445   21FEB  E  KE/JK3MQF
   4 AP 02-780-7788 GOGO TOUR
   5 APM 010-2300-5560 KIM/SUHEE MS
   6 TK OK23JUL/SELK1394Z
   7 SSR GRPF KE GV10
   8 SSR GRPS YY TCP 20 GOGOTOUR
   * SP 23JUL/AASU/SELK1394Z-JKFY6Z
```

▶ 총 인원을 20명에서 17명으로 조정해야 한다.

GRPS	Passenger Travelling Together	승객은 함께 여행해야 한다.
TCP20	The Completed Party	구성 인원

ⓑ 8번 Element 취소

> XE8

```
>XE8

--- AXR RLR ---
RP/SELK1394Z/SELK1394Z              AA/SU   23JUL20/0721Z    JK3MQF
3300-5560
0. 16GOGOTOUR   NM: 1
   2   KE 657 G 15FEB 1 ICNBKK HN17 0915 1315   15FEB  E  KE/JK3MQF
   3   KE 658 G 20FEB 6 BKKICN HN17 2130 0445   21FEB  E  KE/JK3MQF
   4 AP 02-780-7788 GOGO TOUR
   5 APM 010-2300-5560 KIM/SUHEE MS
   6 TK OK23JUL/SELK1394Z
   7 SSR GRPF KE GV10
   * SP 23JUL/AASU/SELK1394Z-JKFY6Z
```

▶ 8번 Element의 TCP 총 인원이 취소되었다.

ⓒ TCP 입력

> SR GRPS KE-TCP17

```
>SR GRPS KE-TCP17

--- AXR RLR ---
RP/SELK1394Z/SELK1394Z              AA/SU  23JUL20/0632Z   JK3MQF
3300-5560
0. 16GOGOTOUR  NM: 1
   2  KE 657 G 15FEB 1 ICNBKK HN17 0915 1315  15FEB  E  KE/JK3MQF
   3  KE 658 G 20FEB 6 BKKICN HN17 2130 0445  21FEB  E  KE/JK3MQF
   4 AP 02-780-7788 GOGO TOUR
   5 APM 010-2300-5560 KIM/SUHEE MS
   6 TK OK23JUL/SELK1394Z
   7 SSR GRPF KE GV10
   8 SSR GRPS KE TCP 17 *GOGOTOUR
   * SP 23JUL/AASU/SELK1394Z-JKFY6Z
```

▶ 8번 Element의 구성인원 TCP가 17명으로 조정되었다.

ⓓ 저장

> ER

```
>ER

--- AXR RLR ---
RP/SELK1394Z/SELK1394Z              AA/SU  26JUL20/1124Z   JK3MQF
3300-5560
0. 16GOGOTOUR  NM: 1
   2  KE 657 G 15FEB 1 ICNBKK HN17 0915 1315  15FEB  E  KE/JK3MQF
   3  KE 658 G 20FEB 6 BKKICN HN17 2130 0445  21FEB  E  KE/JK3MQF
   4 AP 02-780-7788 GOGO TOUR
   5 APM 010-2300-5560 KIM/SUHEE MS
   6 TK OK23JUL/SELK1394Z
   7 SSR GRPF KE GV10
   8 SSR GRPS KE TCP 17 *GOGOTOUR
   * SP 23JUL/AASU/SELK1394Z-JKFY6Z
```

Group PNR 증원

- Group PNR을 작성한 이후에 단체 인원이 추가되면 추가된 인원만큼 별도로 PNR을 작성한다.

1 Group 증원 사례

- 20명의 Group PNR을 작성하고 5명의 인원을 추가 요청받았다.
① 먼저 작성한 PNR을 조회한다.
② 추가인원 5명을 Copy한다.
③ 총인원 25명으로 조정한다.

2 Group 증원 실습

1 PNR 조회

> RT 53005560

```
>RT 53005560

--- RLR ---
RP/SELK1394Z/SELK1394Z              AA/SU  23JUL20/0747Z    JKU9QX
5300-5560
0. 20GOGO TOUR  NM: 0
   1  KE 657 G 15FEB 1 ICNBKK HN20 0915 1315  15FEB  E  KE/JKU9QX
   2  KE 658 G 20FEB 6 BKKICN HN20 2130 0445  21FEB  E  KE/JKU9QX
   3 AP 02-780-5560 GOGO TOUR
   4 APM 010-2300-5560 KIM/SUNHEE MS
```

2 5명 Copy

> RRA/5

```
>RRA/5

-IGNORED JKU9QX-
RP/SELK1394Z/
0.  5GOGO TOUR  NM: 0
  1  KE 657 G 15FEB 1 ICNBKK HN5  0915 1315  15FEB  E  0 77W M
     SEE RTSVC
  2  KE 658 G 20FEB 6 BKKICN HN5  2130 0445  21FEB  E  0 77W D
     SEE RTSVC
  3 AP 02-780-5560 GOGO TOUR
  4 APM 010-2300-5560 KIM/SUNHEE MS
  5 SSR GRPF KE GV10
  * RR 23JUL/AASU/SELK1394Z-JKU9QX
```

3 저장

> ER

```
>ER

RESERVATION NUMBER BASED ON PHONE:6300-5560
*TRN*
>ER

--- AXR RLR ---
RP/SELK1394Z/SELK1394Z          AA/SU  23JUL20/0757Z   JKW6CW
6300-5560
0.  5GOGO TOUR  NM: 0
  1  KE 657 G 15FEB 1 ICNBKK HN5  0915 1315  15FEB  E  KE/JKW6CW
  2  KE 658 G 20FEB 6 BKKICN HN5  2130 0445  21FEB  E  KE/JKW6CW
  3 AP 02-780-5560 GOGO TOUR
  4 APM 010-2300-5560 KIM/SUNHEE MS
  5 TK OK23JUL/SELK1394Z
  6 SSR GRPF KE GV10
  * RR 23JUL/AASU/SELK1394Z-JKU9QX    20명 Group PNR
```

▶ 5명의 추가 PNR이 완성되었다. 총 인원인 TCP를 입력한다.

4 TCP 입력(5명 PNR)

> SR GRPS KE-TCP25 ➡ ER

```
>  SR GRPS KE-TCP25

--- AXR RLR ---
RP/SELK1394Z/SELK1394Z              AA/SU   23JUL20/0757Z    JKW6CW
6300-5560
0.  5GOGO TOUR  NM: 0
   1  KE 657 G 15FEB 1 ICNBKK HN5  0915 1315   15FEB  E  KE/JKW6CW
   2  KE 658 G 20FEB 6 BKKICN HN5  2130 0445   21FEB  E  KE/JKW6CW
   3 AP 02-780-5560 GOGO TOUR
   4 APM 010-2300-5560 KIM/SUNHEE MS
   5 TK OK23JUL/SELK1394Z
   6 SSR GRPF KE GV10
   7 SSR GRPS KE TCP 25 *GOGO TOUR
   * RR 23JUL/AASU/SELK1394Z-JKU9QX
```

▶ 7번 Element에 TCP25 반영되었다.

5 저장

> ER

```
>  ER

--- AXR RLR ---
RP/SELK1394Z/SELK1394Z              AA/SU   26JUL20/0250Z    JKW6CW
6300-5560
0.  5GOGO TOUR  NM: 0
   1  KE 657 G 15FEB 1 ICNBKK HN5  0915 1315   15FEB  E  KE/JKW6CW
   2  KE 658 G 20FEB 6 BKKICN HN5  2130 0445   21FEB  E  KE/JKW6CW
   3 AP 02-780-5560 GOGO TOUR
   4 APM 010-2300-5560 KIM/SUNHEE MS
   5 TK OK23JUL/SELK1394Z
   6 SSR GRPF KE GV10
   7 SSR GRPS KE TCP 25 *GOGO TOUR
   * RR 23JUL/AASU/SELK1394Z-JKU9QX
```

6 TCP 입력(20명 Group PNR)

> [SR GRPS KE-TCP25]

```
>  SR GRPS KE-TCP25

--- AXR RLR ---
RP/SELK1394Z/SELK1394Z            AA/SU   23JUL20/0757Z   JKU9QX
5300-5560
0. 20GOGO TOUR  NM: 0
  1  KE 657 G 15FEB 1 ICNBKK HN20 0915 1315  15FEB  E  KE/JKU9QX
  2  KE 658 G 20FEB 6 BKKICN HN20 2130 0445  21FEB  E  KE/JKU9QX
  3 AP 02-780-5560 GOGO TOUR
  4 APM 010-2300-5560 KIM/SUNHEE MS
  5 TK OK23JUL/SELK1394Z
  6 SSR GRPF KE GV10
  7 SSR GRPS KE TCP 25 *GOGO TOUR
  * RR 23JUL/AASU/SELK1394Z-JKW6CW
```

▶ 7번 Element에 TCP25 반영되었다.

7 저장

> [ER]

```
>  ER

--- AXR RLR ---
RP/SELK1394Z/SELK1394Z            AA/SU   23JUL20/0824Z   JKU9QX
5300-5560
0. 20GOGO TOUR  NM: 0
  1  KE 657 G 15FEB 1 ICNBKK HN20 0915 1315  15FEB  E  KE/JKU9QX
  2  KE 658 G 20FEB 6 BKKICN HN20 2130 0445  21FEB  E  KE/JKU9QX
  3 AP 02-780-5560 GOGO TOUR
  4 APM 010-2300-5560 KIM/SUNHEE MS
  5 TK OK23JUL/SELK1394Z
  6 SSR GRPF KE GV10
  7 SSR GRPS KE TCP 25 *GOGO TOUR
  * RR 23JUL/AASU/SELK1394Z-JKW6CW
```

▶ 20명 5300-5560의 PNR과 5명의 6300-5560의 추가 Group PNR에 각각 TCP 25 입력

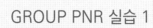

GROUP PNR 실습 1

조건	Entry
1. 단체명 : 17명, TOPAS TOUR	
2. 여정 　　12/15 서울/파리(PARIS) KE901 G Class 　　12/25 런던(LONDON)/서울 KE908 G Class	
3. 전화번호 　　1) 765-9000 TOPAS TOUR 　　2) 인솔자 010-2735-5799 OH/NAMKIL MR	
4. GROUP FARE 사항 입력	
5. 완료 　　**≫** PNR ADDRESS	
6. 이름 2명 입력 　　1) 본인 　　2) OH/NAMKIL MR	

GROUP PNR 실습 2

조건	Entry
1. 단체명 : 16명, LULU TOUR	
2. 여정 　1/12 서울 / 파리 AF267　G Class 　1/23 파리 / 서울 AF264　G Class	
3. 전화번호 　1) 031-520-9210 LULU TOUR 　2) 인솔자 010-8023-7360 BAIK/SEOJUN MR	
4. GROUP FARE 사항 입력	
5. 완료 　≫ PNR ADDRESS	
6. 이름 3명 입력 　1) 본인 　2) BAIK/SEOJUN MR 　3) KONG/HANEUL MR	

GROUP PNR 감원실습 1

조건	Entry
1. 단체명 : 15명, TOTO TOUR	
2. 여정 　2/13 서울/오사카(OSAKA) KE 723 G Class 　2/16 오사카/서울 KE724 G Class	
3. 전화번호 　1) 02-765-9000 TOTO TOUR 　2) 010-2300-5535 KIM/INSOL MR	
4. GROUP FARE 사항 입력	
5. 완료 　≫ PNR ADDRESS	
6. 이름 3명 입력 　본인과 친구 2명 입력	
7. NO NM 2명과 본인, 총 3명 취소하시오. 　≫ PNR ADDRESS	

GROUP PNR 감원실습 2

조건	Entry
1. 단체명 : 22명, LALA TOUR	
2. 여정 　　3/21 서울/베이징(BEIJING) KE853 G Class 　　3/26 상하이(SHANGHAI)/서울 KE896 G Class	
3. 전화번호 　　1) 02-726-8950 LALA TOUR 　　2) 010-5200-7980 NA/SOYUN MS	
4. GROUP FARE 사항 입력	
5. 완료 　　≫ PNR ADDRESS	
6. 이름 4명 입력 　　1) 본인 　　2) KIM/YOUNGUNG MR 　　3) LIM/CHANWON MR 　　4) NA/SOYUN MS	
7. NO NM 5명과 본인, 임찬원, 총 7명 취소하시오.	

GROUP PNR 증원실습 1

조건	Entry
1. 단체명 : 15명, GAJA TOUR	
2. 여정 　4/11 서울/두바이(DUBAI) KE951 G Class 　4/20 두바이/서울 KE952 G Class	
3. 전화번호 　1) 02-826-6950 GAJA TOUR 　2) 010-3200-9870 HEO/NARAE MS	
4. GROUP FARE 사항 입력	
5. 완료 　≫ PNR ADDRESS	
6. 이름 4명 입력 　1) 본인 　2) KIL/JANGWOO MR 　3) JUNG/DOYEON MS 　4) LEE/SIWAN MR	
7. 인원 6명 추가	

GROUP PNR 증원실습 2

조건	Entry
1. 단체명 : 17명, HOHO TOUR	
2. 여정 　2/17 서울/마닐라(MANILA) KE623 G Class 　2/22 세부(CEBU)/서울 KE632 G Class	
3. 전화번호 　1) 02-530-5560 HOHO TOUR 　2) 010-4500-2390 YOO/HYORI MS	
4. GROUP FARE 사항 입력	
5. 완료 　≫ PNR ADDRESS	
6. 이름 3명 입력 　1) 본인 　2) LEE/JAESEOK MR 　3) JANG/JIHUN MS	
7. 인원 3명 추가	

✎ Memo

Chapter 09

예약 코드

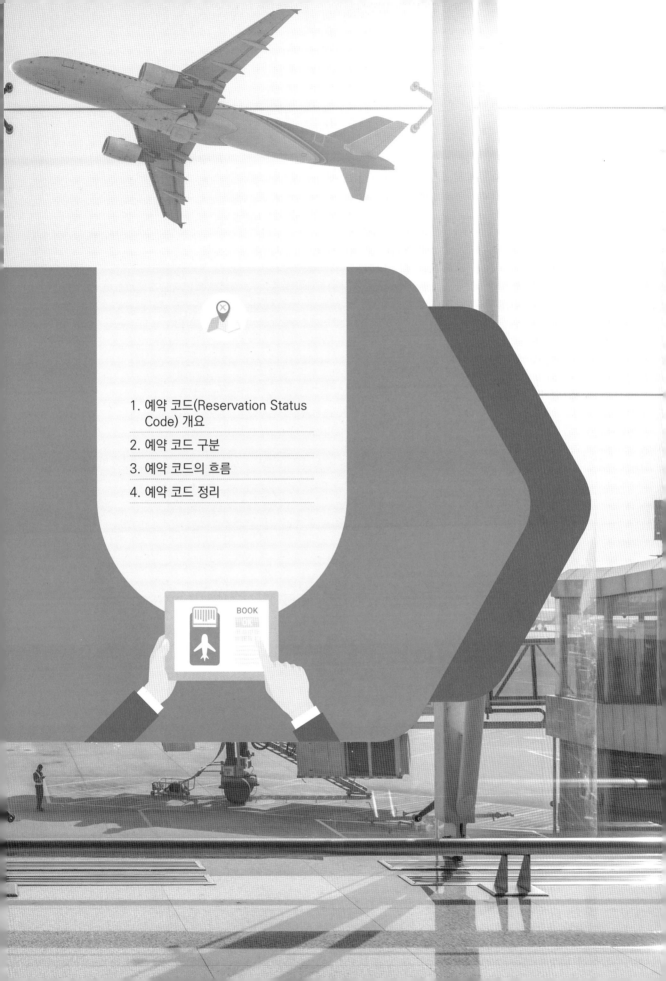

01 예약 코드(Reservation Status Code) 개요

- 승객이 요청한 여정의 좌석을 예약하기 위해서는 시스템을 통해 Code로 요청된다.
- 요청한 좌석에 대해 항공사에서는 좌석 여부의 응답을 Code로 준다.
- 항공사의 응답을 받으면 현재 좌석의 상태를 의미하는 Code로 변경해야 한다.
- 이러한 예약코드는 IATA에서 결정하며 전 세계 항공사가 공통적으로 사용하고 있다.

02 예약 코드 구분

구 분	설 명	
요청 코드(Action Code)	• 여행사 → 항공사 • 항공사 → 항공사	항공사로 좌석을 요청하는 코드
응답 코드(Advice Code)	• 항공사 → 여행사 • 항공사 → 항공사	요청한 좌석에 대한 응답 코드
상태 코드(Status Code)	• PNR에 최종적으로 좌석의 상태가 상태 코드로 반영되어야 한다. • HK : 좌석 확정 상태 코드 • HL : 좌석 대기 상태 코드	

```
>  RT25007755

--- RLR ---
RP/SELK1394Z/SELK1394Z              AA/SU  24JUL20/0756Z   JRV2QM
2500-7755
  1.NA/MINKUK MR                          상태 코드
  2  KE 643 Q 10JAN 7 ICNSIN HL1  1435 2015  10JAN  E  KE/JRV2QM
  3  KE 646 Q 20JAN 3 SINICN HK1  0130 0850  20JAN  E  KE/JRV2QM
  4 AP 02-450-9066 GOGO TOUR
  5 APM 010-2500-7755
  6 TK OK24JUL/SELK1394Z
  7 OPW SELK1394Z-30JUL:1900/1C7/KE REQUIRES TICKET ON OR BEFORE
```

▶ 조회된 PNR에서 HL과 HK의 상태 코드를 확인할 수 있다.
　PNR에서는 상태 코드가 최종적으로 유지되어야 한다.

1 요청 코드(Action Code)

Code	설 명
DK	좌석이 확정됨을 의미하는 코드로 PNR 완료 전의 요청 코드
DW	대기 좌석을 의미하는 PNR 완료 전의 요청 코드
NN	좌석 및 부대서비스 기본 요청 코드
SS	・ 1A에 가입된 Leve이 낮은 항공사의 예약을 하는 경우 좌석이 판매되었음을 의미하는 요청코드 ・ PNR 완료 후 HK확정된 상태코드로 보여 지지만, 추 후 불가하다 라는 응답을 받을 수 있으므로 해당 항공사에 반드시 예약 확인 필요
PE	대기 요청 코드
SG	단체 좌석 요청 코드
GK	실제 예약이 이루어지지 않은 상태에서 운임을 확인하기 위한 요청 코드
PK	다른 GDS에서 예약한 여정의 경우 발권하기 위한 요청 코드

1 PNR 완료 전의 대표적인 요청 코드

```
RP/SELK1394Z/
  1.NA/MINKUK MR
  2  KE 643 Q 10JAN 7 ICNSIN DW1  1435 2015  10JAN  E  0 773 LR
     SEE RTSVC
  3  KE 646 Q 20JAN 3 SINICN DK1  0130 0850  20JAN  E  0 77W B
     SEE RTSVC
```

2 Group 요청 코드

```
> AN10JANSELSIN/AKE

AN10JANSELSIN/AKE
** AMADEUS AVAILABILITY - AN ** SIN SINGAPORE.SG          170 SU 10JAN 0000
 1   KE 643  J9 C9 DL IL RL ZL Y9 /ICN 2 SIN 4  1435   2015 E0/773     6:40
             B9 M9 S9 H9 E9 K9 L9 U9 QL NL TL GL
 2   KE 645  PL AL J9 C9 DL IL RL /ICN 2 SIN 4  1835   0010+1E0/77W    6:35
             Z2 Y9 B9 M9 S9 H9 E9 K9 L9 U9 QL NL TL GL
 3   KE 647  J9 C9 D7 I3 RL ZL Y9 /ICN 2 SIN 4  2310   0500+1E0/333    6:50
             B9 M9 S9 H9 E9 K9 L9 U9 Q9 N1 TL GL
*TRN*

> SS20G1/SG
```

2 응답 코드(Advice Code)

Code	설 명
KK	· 요청한 사항(좌석, 기내식)이 OK되었다는 응답 코드(Confirming : NN → KK)
KL	· 대기 좌석이 OK되었다는 응답 코드(Confirming from Waiting List : HL → KL)
DL	· KL 상태에서 다시 대기자로 되돌아 감을 나타내는 코드
HN	· 좌석을 요청하고 응답이 오기까지 유지되는 코드(SG → HN) · Holding Need. Pending for Reply
UU	· 요청한 내용이 현재는 불가하며 대기자 명단에 있음을 나타내는 응답 코드 · Unable Have Waitlisted
US	· 좌석이 판매되었으나 해당 항공사에서 받아들이지 않음을 나타내며 대기자 명단에 있음을 나타내는 응답 코드 · Unable to Accept Sale. Have Waitlisted
UC	· 대기자도 불가함을 나타내는 응답 코드(Unable Flight Closed)
UN	· 요청한 항공편이 운항하지 않거나 요청한 서비스가 제공되지 않음을 나타내는 응답 코드 · Unable, Flight Dose Not Operate or Special Service Not Provided
NO	· 요청사항이 잘못되었거나 기타의 이유로 Action을 취하지 않음을 나타내는 코드 · No Action Taken
TK	· 기존 OK 상태에서 항공편명 또는 항공편의 출발시간이 변경되어 변경된 스케쥴로 OK되었음을 나타내는 코드(HK → UN → TK)
TL	· 기존 대기 상태에서 항공편명 또는 항공편의 출발시간이 변경되어 변경된 스케쥴로 OK되었음을 나타내는 코드(HL→ UN → TL)
HX	· 항공사에 의해 여정이 취소되었음을 나타내는 응답 코드 · 주로 발권시한 경과, Name Change 등의 규정위배로 항공사에서 취소하며 취소사유는 SSR사항에 통보된다. · Holding Cancelled

```
--- RLR ---
RP/SELK1394Z/SELK1394Z          FM/SU  13JUL20/0554Z    VIJEN9
4597-5756
  1.SEOL/YURIMS
  2  OZ6114 C 11NOV 3 ICNYYZ HK1  1855 1740   11NOV  E  OZ/VIJEN9
     OPERATED BY AIR CANADA
  3  OZ6119 C 11NOV 3 YYZYOW KL1  1910 2014   11NOV  E  OZ/VIJEN9
     OPERATED BY AIR CANADA
  4 AP M01045975735
  5 TK OK13JUL/SELK1394Z
```

▶ KL응답 코드는 대기자에서 OK되었음을 의미하므로 상태 코드 HK로 변경해야 한다.

```
--- RLR ---
RP/SELK1394Z/SELK1394Z            AA/SU   23JUL20/0747Z    JKU9QX
5300-5560
0. 20GOGO TOUR   NM: 0
   1  KE 657 G 15FEB 1 ICNBKK HN20 0915 1315   15FEB  E  KE/JKU9QX
   2  KE 658 G 20FEB 6 BKKICN HN20 2130 0445   21FEB  E  KE/JKU9QX
   3 AP 02-780-5560 GOGO TOUR
   4 APM 010-2300-5560 KIM/SUNHEE MS
```

◉ Group 좌석을 SG로 요청하면 HN으로 응답이 온다.

```
RP/SELK1394Z/SELK1394Z            FM/SU   13JUL20/0452Z    VI7ZIZ
2338-1527
   1.SEO/EUNCHAEMS
   2  NH6953 M 01JUL 4 KIXICN UN1  1700 1850   01JUL  E  NH/
      OPERATED BY ASIANA AIRLINES
   3 AP M01023381522
   4 TK OK13JUL/SELK1394Z
```

◉ UN은 불가응답으로 UC, UN, NO의 예약코드는 해당 여정을 취소 처리해야 한다.

3 상태 코드(Status Code)

Code	설 명
HK	· 예약이 확정되어 있는 상태 · Holding Confirmed
HL	· 예약이 대기자 명단에 있는 상태 · Have Waitlisted

```
--- RLR ---
RP/SELK1394Z/SELK1394Z            AA/SU   24JUL20/0756Z    JRV2QM
2500-7755
   1.NA/MINKUK MR
   2  KE 643 Q 10JAN 7 ICNSIN HL1  1435 2015   10JAN  E  KE/JRV2QM
   3  KE 646 Q 20JAN 3 SINICN HK1  0130 0850   20JAN  E  KE/JRV2QM
   4 AP 02-450-9066 GOGO TOUR
   5 APM 010-2500-7755
   6 TK OK24JUL/SELK1394Z
```

◉ PNR에 최종적으로 HK 또는 HL의 상태 코드로 유지해야 한다.

예약 코드의 흐름

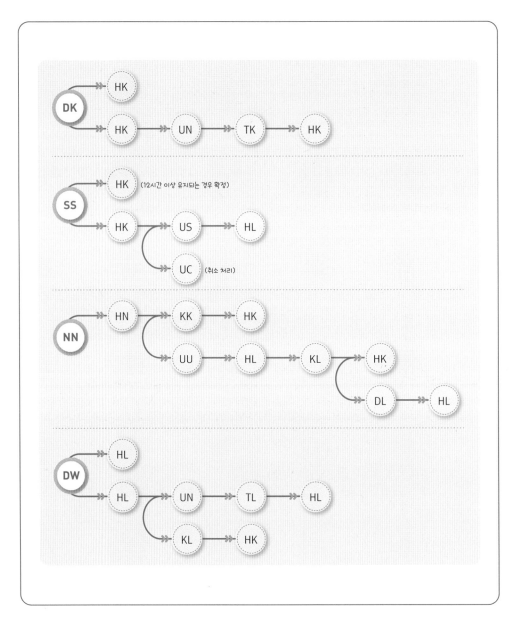

▶ UN, UC, NO, HX 예약코드가 있는 경우는 반드시 해당 여정을 취소해야 한다

> • HECODE → GGCODE 로 조회

예약 코드 정리

- 항공사로부터 받은 응답 코드는 반드시 상태 코드로 변경하여 현재 좌석의 상태를 명확하게 하고 불가 응답 코드는 취소 처리해야 한다.

1 자동정리

(1) 상태 코드로 자동 정리 + 불가 코드 취소 + PNR저장

```
            ETK
```

```
    --- RLR ---
    RP/SELK1394Z/SELK1394Z              FM/SU  13JUL20/0554Z    VIJEN9
    4597-5756
      1.SEOL/YURIMS
      2  OZ6114 C 11NOV 3 ICNYYZ HK1  1855 1740  11NOV  E  OZ/VIJEN9
         OPERATED BY AIR CANADA
      3  OZ6119 C 11NOV 3 YYZYOW KL1  1910 2014  11NOV  E  OZ/VIJEN9
         OPERATED BY AIR CANADA
      4 AP M01045975735
      5 TK OK13JUL/SELK1394Z
      6 OPW SELK1394Z-11AUG:1500/1C7/OZ REQUIRES TICKET ON OR BEFORE
           12AUG:1500/S2-3
      7 OPC SELK1394Z-12AUG:1500/1C8/OZ CANCELLATION DUE TO NO
           TICKET/S2-3
    *TRN*
    >  ETK

    END OF TRANSACTION COMPLETE - VIJEN9 - KE/4597-5756
```

▶ PNR이 완료되었으며 해당 PNR을 조회해서 상태 코드로 변경되었는 지 확인한다.

```
    >  RT45975756

    --- RLR ---
    RP/SELK1394Z/SELK1394Z              AA/SU  24JUL20/1036Z    VIJEN9
    4597-5756
      1.SEOL/YURIMS
      2  OZ6114 C 11NOV 3 ICNYYZ HK1  1855 1740  11NOV  E  OZ/VIJEN9
         OPERATED BY AIR CANADA
      3  OZ6119 C 11NOV 3 YYZYOW HK1  1910 2014  11NOV  E  OZ/VIJEN9
         OPERATED BY AIR CANADA
```

▶ 상태 코드인 HK로 변경되었다.

(2) 상태 코드로 자동 정리 + 불가 코드 취소 + PNR 저장 + PNR 조회

> ERK

```
--- AXR RLR ---
RP/SELK1394Z/SELK1394Z              FM/SU  22JUL20/0256Z    JC7D2M
9523-5360
 1.NAM/KIMOON MR
 2  KE 121 M 10DEC 4 ICNSYD HK1  1845 0655   11DEC  E  KE/JC7D2M
 3  KE 122 M 20DEC 7 SYDICN KK1  0900 1750   20DEC  E  KE.JC7D2M
 4 AP 02-1254-1257 KHT TOUR
 5 APM 010-9523-5350
 6 TK OK22JUL/SELK1394Z
```

▶ 3번 여정의 좌석이 OK 응답인 KK로 들어왔다. 상태 코드인 HK로 변경을 해야 한다.
  자동 정리 Entry ERK를 실행한다.

```
> ERK

--- AXR RLR ---
RP/SELK1394Z/SELK1394Z              AA/SU  24JUL20/1121Z    JC7D2M
9523-5360
 1.NAM/KIMOON MR
 2  KE 121 M 10DEC 4 ICNSYD HK1  1845 0655   11DEC  E  KE/JC7D2M
 3  KE 122 M 20DEC 7 SYDICN HK1  0900 1750   20DEC  E  KE.JC7D2M
 4 AP 02-1254-1257 KHT TOUR
 5 APM 010-9523-5350
 6 TK OK22JUL/SELK1394Z
 7 SSR NOSM KE HK1/S2
 8 SSR VGML KE HK1/S3
 9 OPW SELK1394Z-04AUG:1900/1C7/KE REQUIRES TICKET ON OR BEFORE
        05AUG:1900/S2-3
10 OPC SELK1394Z-05AUG:1900/1C8/KE CANCELLATION DUE TO NO
        TICKET/S2-3
 * SP 22JUL/AASU/SELK1394Z-JC7NOA
```

▶ ERK를 실행하니 HK 상태 코드로 변경되어 저장되고 변경된 PNR이 조회되었다.

2 수동 정리

2/HK → 2   2번 여정
           /HK   Slash 변경하고자 하는 상태코드

```
--- AXR RLR ---
RP/SELK1394Z/SELK1394Z              AA/SU   24JUL20/1136Z   UGP79G
5837-3829
  1.KIM/MINJOO MS
  2   SQ 607 Y 08NOV 7 ICNSIN KL1  0900 1445   08NOV  E  SQ/UGP79G
  3 AP SEL 1566-0014 - TOPAS TRAINING UNIVERSITY - A
  4 APM 010-4837-3829
  5 TK OK08JUL/SELK1394Z
  * SP 08JUL/AASU/SELK1394Z-UGOBHC
```

▶ 2번 여정이 대기자에서 OK응답 코드가 들어왔다. 상태 코드 HK로 변경해야 한다.

```
>  2/HK
--- AXR RLR ---
RP/SELK1394Z/SELK1394Z              AA/SU   24JUL20/1136Z   UGP79G
5837-3829
  1.KIM/MINJOO MS
  2   SQ 607 Y 08NOV 7 ICNSIN HK1  0900 1445   08NOV  E  SQ/UGP79G
  3 AP SEL 1566-0014 - TOPAS TRAINING UNIVERSITY - A
  4 APM 010-4837-3829
  5 TK OK08JUL/SELK1394Z
```

▶ 2번 여정의 예약코드가 HK 상태코드로 변경되었다. ER로 저장해야 한다.

```
>  ER
--- AXR RLR ---
RP/SELK1394Z/SELK1394Z              AA/SU   24JUL20/1138Z   UGP79G
5837-3829
  1.KIM/MINJOO MS
  2   SQ 607 Y 08NOV 7 ICNSIN HK1  0900 1445   08NOV  E  SQ/UGP79G
  3 AP SEL 1566-0014 - TOPAS TRAINING UNIVERSITY - A
  4 APM 010-4837-3829
  5 TK OK08JUL/SELK1394Z
```

예약 코드 연습 문제

다음 작성된 PNR을 보고 답하시오.

```
--- RLR ---
RP/SELK1394Z/SELK1394Z          AA/SU 24JUL20/1207Z  JT2BPF
2300-6699
 1.NA/MINKUK MR
 2 KE 855 Y 10JAN 7 ICNPEK HK1 1110 1240 10JAN E KE/JT2BPF
 3 CA 101 Y 15JAN 5 PEKHKG KL1 0800 1145 15JAN E CA/NVFC97
 4 TG 601 Y 20JAN 3 HKGBKK UC1 1245 1425 20JAN E TG/
 5 KE 654 Y 25JAN 1 BKKICN UN1 0100 0830 25JAN E KE/JT2BPF
 6 KE 654 Y 25JAN 1 BKKICN TK1 0200 0930 25JAN E KE/JT2BPF
 7 AP 02-780-6655 GOGO TOUR
 8 APM 010-2300-6699
 9 TK OK24JUL/SELK1394Z
10 OPW SELK1394Z-19JAN:1100/1C7/TG REQUIRES TICKET ON OR BEFORE
        20JAN:1100/S4
11 OPW SELK1394Z-06AUG:1900/1C7/KE REQUIRES TICKET ON OR BEFORE
        07AUG:1900/S2,5
12 OPC SELK1394Z-20JAN:1100/1C8/TG CANCELLATION DUE TO NO
        TICKET/S4
13 OPC SELK1394Z-07AUG:1900/1C8/KE CANCELLATION DUE TO NO
        TICKET/S2,5
```

1. 대기좌석에서 OK된 항공편을 쓰시오.

2. 좌석이 대기자도 불가하여 취소 처리해야 하는 항공편을 쓰시오.

3. KE654편의 BKK 공항 현지 출발 시간을 쓰시오.

4. CA의 예약번호를 쓰시오.

5. KE의 예약번호를 쓰시오.

6. 예약코드 UN의 의미를 쓰시오.

7. 예약코드를 자동으로 정리하는 Entry를 쓰시오.

8. KE의 발권시한을 쓰시오.

✎ Memo

1. 1) DAN OTTAWA ➜ YOW
   2) DAN BARCELONA ➜ BCN
   3) DAN BERLIN ➜ BER
   4) DAN CHICAGO ➜ IL
   5) DC EGYPT ➜ EG

2. DAN OSAKA ➜ KIX, UKB, ITM

3. 1) DNA 125 ➜ BRITISH AIRWAYS
   2) DNA SK ➜ SCANDINAVIAN AIRLINES
   3) DNA QANTAS AIRWAYS ➜ QF

4. AN15DECSELYVR/AAC/CM*20DEC

5. 1) TN10FEBSELIST/ATK ➜ 1356(월수금토)
   2) TN20JANSELKTM/AKE ➜ 1357(월수금일), 7시간 55분

6. DOSQ026/15MAR ➜ FRA, 2시간, 24시간 20분

7. 1) 1터미널 도착, 12월 11일
2) KE과 DL항공사의 계약을 통해 좌석을 공유하는 제도로
   KE는 운영·탑승항공사, DL은 판매항공사
3) 12월 12일 도착, 13시간

8. 1) DAC SPK ➜ GMT +9H: 세계표준시보다 9시간 빠르다
2) DDBKK ➜ 방콕이 한국보다 2시간 느리다.

Chapter 10

연습문제

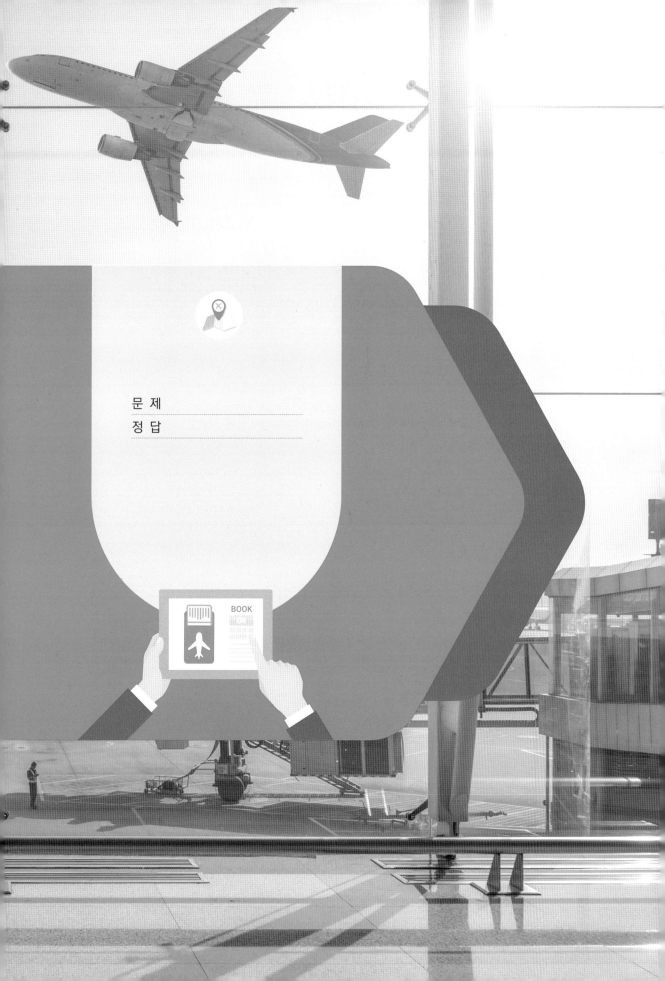

문 제 ....

정 답 ....

1. 다음 중 각 코드가 맞게 연결된 것을 고르시오.

   ① 일본 삿포로(SPK) 공항코드: CYS

   ② 미국 네바다(NEVADA) 주 코드: NV

   ③ 인도네시아 국가코드: IN

   ④ 에어 뉴질랜드(AIR NEW ZEALAND) 항공사 코드: AN

2. 다음 중 항공사 FINNAIR의 코드로 맞는 것을 고르시오.

   ① FI   ② FY

   ③ AI   ④ AY

3. 다음 중 미국 보스톤 (BOSTON) 공항코드가 아닌 것을 고르시오.

   ① BOS   ② EWR

   ③ BNH   ④ PSM

4. 다음 조건을 충족하는 Availability Entry를 쓰시오. (Dual City Pair)

조건: 1월 17일 SEL - PAR, 3월 11일 PAR - SEL, AF 항공, M Class 조회

5. 현재 조회되어 있는 예약 가능편을 2일 후로 조회하는 예약 가능편(Availability) 간편 Entry를 쓰시오.

6. 3월 15일 SIN 에서 NYC 까지의 예약가능편 조회한 후 SQ026편에 대한 설명으로 틀린 것은?

① 중간에 FRA을 경유하여 NYC에 도착하게 된다.

② 싱가폴 공항 출발은 3터미널을 이용한다

③ 중간 경유지에서의 지상 체류 시간은 2시간이다.

④ NYC도착 일자는 현지일 기준으로 3월 15일이다.

7. 아래 Availability에 대한 설명으로 틀린 것을 고르시오.

```
AN20APRLAXSEL
** AMADEUS AVAILABILITY - AN ** SEL SEOUL.KR             130 TH 20APR 0000
 1   OZ 201   J9 C9 D9 Z9 U7 P4 Y9 /LAX B ICN 1  1210   1735+1E0/359      13:25
             B9 M9 H9 E9 Q9 K9 S9 V9 W9 TL LL GR
 2   KE 018   F4 AL J9 C9 D9 I9 R2 /LAX B ICN 2  1230   1750+1E0/77W      13:20
             Z9 Y9 B9 M9 S9 H9 E9 K9 L9 UL QL TL GL
3KE:DL9045   F6 J9 C9 D9 I9 Z9 Y9 /LAX B ICN 2  1230   1750+1E0/77W      13:20
             B9 M9 H9 Q9 K9 L9 U9 T9 X9 V0
 4   OZ 203   J9 C9 D9 Z9 U9 P3 Y9 /LAX B ICN 1  2300   0420+2E0/359      13:20
             B9 M9 H9 E9 Q9 K9 S9 V9 W9 TL LL GR
```

① 1번 스케줄로 예약하는 경우 서울에 도착하는 날짜는 4월 21일이다.

② 2번 스케줄로 예약하는 경우 중간 경유지가 없는 Non-Stop Flight를 탑승한다.

③ 3번 스케줄로 예약하는 경우 실제 탑승 항공사는 DL항공이다.

④ 4번 스케줄로 예약하는 경우 총 비행 시간은 13시간 20분이다.

8. 완성된 PNR 번호를 모르는 경우, 출발일과 승객의 성(Last Name)만으로 PNR 조회하는 Entry는?

> 출발일: 10MAR,   Family Name: CHA

9. 승객의 여정이 미확정된 경우 미확정 구간을 입력하는 Entry를 쓰시오.

> 항공사: KE,   Booking Class: B,   구간 : WASSEL

10. 아래 조건에 부합하는 가장 저렴한 운임의 Booking Class를 쓰시오.
1) 출발일: 3월 15일, 여정: SEL-SIN-SEL, 항공사: KE, 체류기간: 10개월, 예약완료 3일이내 발권
2) 출발일: 3월 15일, 여정: SEL-JKT-SEL, 항공사: KE, 체류기간: 4개월, 예약완료 7일 후 발권

11. 아래 조건에 맞는 SSR 요청 Entry를 쓰시오.

> 1번 승객, 3번 여정, 채식 신청

12. 아래 PNR에 대한 설명으로 틀린 것을 고르시오.

```
 --- RLR ---
RP/SELK1394Z/SELK1394Z          AA/SU  13DEC22/0433Z   6UEB4F
5600-8925
 1.JIN/DOJUN MR              2.SEO/MINYOUNG MS
 3 KE 907 H 11MAR 6 ICNLHR HK2  1105 1630  11MAR  E  KE/6UEB4F
 4 KE5902 H 20JUL 4 CDGICN HL2  1310 0715  21JUL  E  KE/6UEB4F
    OPERATED BY AIR FRANCE
 5 AP 730-9078 LALA TOUR
 6 APM 010-5600-8925/P1
 7 TK OK13DEC/SELK1394Z
 8 SSR SFML KE HK1/S3/P1
 9 SSR NOSM KE HK1/S4/P1
10  OPW SELK1394Z-26DEC:1900/1C7/KE REQUIRES TICKET ON OR BEFORE
      27DEC:1900 ICN TIME ZONE/TKT/S3-4
11  OPC SELK1394Z-27DEC:1900/1C8/KE CANCELLATION DUE TO NO
      TICKET ICN TIME ZONE/TKT/S3-4/P1-2
```

① 승객이 실제 탑승하는 항공사는 모두 KE이다.

② ICN/CDG 구간만 특별기내식을 신청하였다.

③ LHR/ICN 구간의 좌석은 대기자이다.

④ 발권시한은 12월 27일 19시로, 이 때까지 발권하지 않으면 예약은 자동 취소된다.

13. 다음 중 PNR 작성에 대한 설명으로 틀린 것을 고르시오.

① PNR 필수 구성요소는 이름, 전화번호, 여정, Ticket Arrangement이다.

② 여정에 비항공 운송구간이 발생하면 ARNK를 입력하지 않아도 된다.

③ 여정은 출발 순서대로 입력하지 않아도 자동 정렬되어 순서조정이 필요 없다.

④ 단체예약 시 승객이름이 없으면 단체예약을 완성할 수 없다.

14. 단체 PNR에 입력된 이름을 조회하는 Entry를 쓰시오.

15. 아래의 Time Table을 확인하고 틀린 것을 고르시오.

```
TN20JANSELBOS/AKE
** AMADEUS TIMETABLE - TN ** BOS BOSTON.USMA            20JAN23 27JAN23
 1  KE 091  2357  ICN 2 BOS E  0930    0900   0  01JAN23 05FEB23 789  13:30
```

① KE091편은 월,목,토요일에는 운항하지 않는다.

② 보스톤 도착은 1월 21일 오전 9시이다.

③ 중간경유지가 없는 Non-Stop flight로 운항한다.

④ 비행시간은 13시간 30분이다.

16. PNR의 수정, 삭제에 대한 설명으로 틀린 것을 고르시오.

```
   --- RLR ---
   RP/SELK1394Z/SELK1394Z          AA/SU  13DEC22/0511Z   6UEB4F
   5600-8925
     1.JIN/DOJUN MR   2.SEO/MINYOUNG MS(INFKIM/YUA MISS/22NOV22)
     3 KE 657 H 15MAR 3 ICNBKK HK2  0915 1315  15MAR  E  KE/6UEB4F
     4 KE 660 H 20JUN 2 BKKICN HK2  0950 1735  20JUN  E  KE/6UEB4F
     5 AP 730-9078 LALA TOUR
     6 APM 010-5600-8925/P1
     7 TK OK13DEC/SELK1394Z
     8 SSR INFT KE HK1 KIM/YUAMISS 22NOV22/S3/P2
     9 SSR INFT KE HK1 KIM/YUAMISS 22NOV22/S4/P2
    10 SSR BBML KE HK1/S3/P2
    11 SSR BBML KE HK1/S4/P2
```

① ICN/BKK 구간의 날짜를 3월 10일로 변경하는 Entry는 SB10MAR3이다.

② 유아(INF)이름을 삭제하는 Entry는 XE2이다.

③ 전체 여정을 취소하는 Entry는 XI이다.

④ 1번 승객의 전화번호를 삭제하는 Entry는 XE6이다.

17. 다음 PNR의 승객 정보만 Copy하는 Entry를 고르시오.

```
--- RLR ---
RP/SELK1394Z/SELK1394Z          AA/SU  13DEC22/0520Z   6UZRIK
2300-9066
 1.LEE/KANGIN MR
 2  KE 627 S 12JAN 4 ICNCGK HK1  1505 2015  12JAN  E  KE/6UZRIK
 3  KE 628 S 25APR 2 CGKICN HK1  2145 0705  26APR  E  KE/6UZRIK
 4 AP 560-9037 GAJA TOUR
 5 APM 010-2300-9056
 6 TK OK13DEC/SELK1394Z
 7 SSR LFML KE HK1/S2
 8 SSR LSML KE HK1/S3
```

① RRI 　　　　　　② RRN

③ RRP 　　　　　　④ RRA

18. 여정을 취소했더니, 다음과 같은 에러메세지가 나왔다. 조치할 수 있는 Entry를 쓰시오.

```
--- RLR ---
RP/SELK1394Z/SELK1394Z          AA/SU  13DEC22/0528Z   6V9FMP
2300-8956
 1.KIM/SUHYUN MR   2.KIM/YUJUNG MISS(CHD/16JUN19)
 3 AP 230-9056 GOGO TOUR
 4 APM 010-2300-8956/P1
 5 TK OK13DEC/SELK1394Z
 6 SK SSRX KE SSRS HAVE BEEN CANCELLED-PLZ TAKE ACTION
*TRN*
>
ER
PLZ DELETE SK SSRX/SSTX-REAPPLY SSR/SEAT-REFER TO HISTORY
```

연습문제 정답

1. ②
2. ④
3. ②
4. AN17JANSELPAR/AAF/CM*11MAR
5. AC2
6. ④
7. ③
8. RT/10MAR-CHA
9. SOKEBIADICN
10. 1) M Class   2) H Class
11. SR VGML/P1/S3
12. ①
13. ④
14. RTN 또는 RTW
15. ②
16. ②
17. ③
18. XE6

✎ Memo

Chapter 11

부록

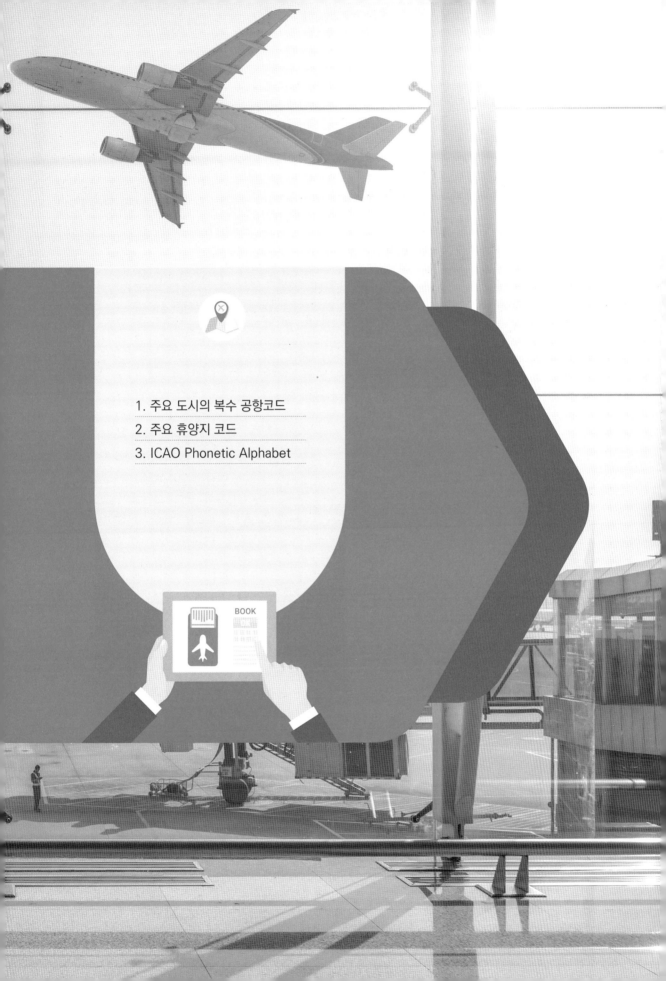

도시 Code	공항 Code	공항 Full Name
PAR	CDG	CHARLES DE GAULLE
	ORY	ORLY
	LBG	LE BOURGET
LON	LHR	HEATHROW
	LGW	GATWICK
	STN	STANSTED
ROM	FCO	FIUMICINO
	CIA	CIAMPINO
NYC	JFK	JOHN F KENNEDY INTL
	EWR	NEWARK LIBERTY INTL
	LGA	LAGUARDIA
	SWF	STEWART INTERNATIONAL
WAS	IAD	DULLES INTL
	DCA	R REAGAN NAT
YTO	YYZ	LESTER B. PEARSON INTL
	YHM	HAMILTON JC MUNRO INTL
BKK	BKK	SUVARNABHUMI INTL
	DMK	DON MUEANG INTL
BJS	PEK	CAPITAL INTL
	PKX	DAXING INTL
SHA	PVG	PUDONG INTL
	SHA	HONGQIAO INTL
TYO	NRT	NARITA INTL
	HND	TOKYO INTL HANEDA
OSA	KIX	KANSAI INTERNATIONAL
	ITM	OSAKA INTL(ITAMI)
	UKB	KOBE
SPK	CTS	NEW CHITOSE
	OKD	OKADAMA
SEL	ICN	INCHEON INTERNATIONAL
	GMP	GIMPO INTERNATIONAL

02 주요 휴양지 코드

Code	Full Name	휴양지
DPS	DENPASAR-BALI	발리
KLO	KALIBO	보라카이
MLE	MALE	몰디브
APW	APIA	사모아
PPS	PUERTO PRINCESA	팔라완
NAN	NADI	피지
ROR	KOROR	팔라우
HIR	HONIARA	솔로몬 군도

03 ICAO Phonetic Alphabet

- 예약업무 수행 중에 영문자에 대한 의사소통의 정확성을 높이기 위하여 해당 영문자를 가장 잘 나타내는 음성 알파벳을 사용한다.
- 국제민간 항공기구(ICAO : International Civil Aviation Organization)가 권장하는 음성 알파벳은 다음과 같다.

Alphabet	Phonetic Alphabet	Alphabet	Phonetic Alphabet
A	ALPHA	N	NOVEMBER
B	BRAVO	O	OSCAR
C	CHARLIE	P	PAPA
D	DELTA	Q	QUEEN, QUEBEC
E	ECHO	R	ROMEO
F	FATHER, FOX	S	SMILE
G	GOLF	T	TANGO
H	HOTEL	U	UNIFORM
I	INDIA	V	VICTORY
J	JULIET	W	WHISKY
K	KILO, KING	X	X - RAY
L	LIMA	Y	YANKEE
M	MICHAEL, MIKE	Z	ZULU

참고 문헌

· 토파스 여행정보(주), 항공예약, 2020

· 대한항공 홈페이지, www.koreanair.com

저자 소개

• **구선영**

경희대학교 관광학 박사
현) 한양여자대학교 호텔관광과 교수
전) 토파스 여행정보 교육강사

• **이진영**

경희대학교 관광학 박사
현) 우송대학교 호텔관광경영학과 교수
전) 하나투어 유럽사업부 팀장

항공예약 실무

초판 1쇄 발행   2020년 8월 30일
3판 1쇄 발행   2024년 1월 10일

저   자 구선영 · 이진영
펴 낸 이 임 순 재
펴 낸 곳 **한올출판사**
등   록 제11-403호
주   소 서울시 마포구 모래내로 83(성산동, 한올빌딩 3층)
전   화 (02)376-4298(대표)
팩   스 (02)302-8073
홈 페 이 지 www.hanol.co.kr
e - 메 일 hanol@hanol.co.kr
ISBN 979 - 11 - 6647 - 411 - 8

Memo

Memo